MIS GANAS DE VIVIR

CARMEN LÓPEZ URBANO

MIS GANAS DE VIVIR

EXLIBRIC

ANTEQUERA 2021

CARMEN LÓPEZ URBANO

MIS GANAS DE VIVIR

Presentación

Esta obra va dirigida a todos los públicos, ya que es una historia real, llena de verdades y con nombres reales, donde se reflejan todos los sentimientos por los que puede pasar una persona, e incluso leyendo cada línea, cada párrafo, hace que te envuelva, la vivas y no te sientas como un espectador más.

Pienso que el público, tanto hombres como mujeres, jóvenes y no tan jóvenes, adolescentes y ancianos, debe empatizar con esta historia que, por desgracia y en ocasiones, se sigue viviendo en otras casas y tenemos que seguir luchando para que no ocurra. Por eso, invito a todos los públicos a que se sensibilicen y conozcan la historia de mi madre.

Escribir esta historia ha removido sentimientos ocultos, porque parte de ella estaba en lo más escondido de mi subconsciente y el de mis hermanas. Volver a revivir esos momentos ha hecho que cada frase que escribía se sumergiera en una piscina de lágrimas, las cuales me dificultaban la visión y lavaban los recuerdos. Pero tenía que hacerlo, tenía que hacer ver al mundo lo que mi madre ha sufrido, por lo que nosotras hemos tenido que pasar y por lo que han pasado mis hermanos pequeños. Gracias a ella, a su lucha por superar todos los obstáculos y por educarnos en los buenos sentimientos, ahora somos lo que somos, mujeres fuertes y hombres con sentimientos capaces de ponernos en el lugar del otro.

Agradecimientos

No hubiese sido posible escribir esta biografía sin la ayuda de mis hermanas: Ángela López Urbano (1974), Ana López Urbano (1975) e Inmaculada López Urbano (1977). Han sido mi empuje y mis cómplices toda la vida, y sus historias contadas por ellas mismas se cuentan en este libro.

También tengo que agradecer la colaboración de dos personas de las muchas importantes en la vida de mi madre: Manuela Alguacil y Esperanza Cafarena.

Mis agradecimientos para las personas que me han ayudado con la corrección y presentación: Francisco Ramón Gómez y Antonio Calzado García.

Y, por supuesto, a mi madre. Gracias, mamá, por haber existido, por haberme educado en el buen hacer y los buenos sentimientos. Te querré siempre y te sigo echando de menos. Estoy orgullosa de ser tu hija.

Por eso le doy a mi madre, a mi abuela y a todos los que han convivido en esa casita portátil con pocas comodidades, pero llena de amor y buenos propósitos, las gracias por estar ahí, por haber existido en mi vida. Te quiero, mamá.

MIS GANAS DE VIVIR

La posguerra marcó un antes y un después en la vida de mi familia. Solo los ricos apostaban por Franco para seguir enriqueciéndose, mientras que los pobres, por más horas que trabajasen, seguían siendo pobres. Y más que pobres cuando la Guardia Civil llegaba a sus casas prefabricadas para derribarlas sin importarle el número de niños que salían de ellas, todos con poca ropa y descalzos, sin un mendrugo de pan que llevarse a la boca y peleándose por un jarro de leche.

La mayoría no podíamos ir al colegio porque teníamos que ayudar a nuestros padres en el campo: aceitunas, algodón, ajos, garbanzos…, todo lo que salía. Allí estábamos sin un jornal, pero ayudando para que los padres sí se lo llevasen.

Para poder comer algo de carne matábamos gatos —su sabor y forma se parecían mucho a los del conejo— y desenterrábamos marranos que no pasaban los controles de sanidad, porque el hambre era más fuerte que lo que pudiese pasarnos.

Mi madre me colocó en una casa con 13 años y estaba encantada, todos los días llevaba algo de la olla a casa. La olla era lo que los señoritos comían ese día. Si sobraba algo no lo tiraba, lo echaba en una lata vacía y me lo llevaba para mis hermanos, Rufina y Rafael. Todos los días esperaban mi llegada frente a las vías del tren, donde fabricábamos nuestras casitas.

Mi padre, Rafael, siempre nos hablaba de mi abuelo, el doctor Habichuela. En tiempos de la posguerra tuvo que deshacerse de sus bienes para poder comer y así terminó, sin nada, y esa fue nuestra herencia: nada.

Pero nos apañábamos con lo que teníamos y estábamos contentos. Mis hermanos pequeños sí fueron a la escuela porque los metió mi madre en un internado religioso, para así poder trabajar y que ellos aprendiesen a leer y escribir, porque alguien tenía que hacerlo en la familia.

Mi madre siempre me decía que yo servía para trabajar y que los manijeros se peleaban porque fuese su jornalera. Realmente me gustaba trabajar, disfrutaba, cantaba todas las canciones que sabía y si no conocía la letra me la inventaba, porque la música me hacía feliz y el saber que mi trabajo servía para poder dar de comer a mis hermanos, más feliz aún.

Cuando cumplí los 17 años, conocí a un chico. Era de una familia de siete hermanos y, por robar una bicicleta, lo recluyeron en un orfanato unos días. Al salir, su padre lo echó de la casa y mi madre le dijo que no iba a consentir que durmiese en la calle, por lo que lo recogió. Cuál fue mi sorpresa cuando mi madre me dijo que me tenía que casar con él, porque las vecinas murmuraban y eso era muy feo, que el muchacho estuviera viviendo bajo el mismo techo de una mocita.

Yo no tenía ni idea de noviazgos. Me casé pensando que a los niños los traía la cigüeña, porque nunca me explicaron nada, ya que jamás mostré interés por esas cosas. Solo quería trabajar y cantar, porque de esa forma era feliz.

Mi primera paliza

Ya teníamos a mi hija Carmen con un añito y un pisito en el Zumbacón (una barriada de Córdoba), en el que estábamos de alquiler.

Yo seguía trabajando en una casa cuando él emigró a Alemania para trabajar en una empresa de coches. Nos carteábamos, pero, como yo no sabía leer, me leía las cartas una vecina que también las respondía, añadiendo lo que le daba la gana. En una carta no tuvo nada más que decirle que no tardara en venir, que me iba a salir novio, y él se presentó a los dos días con la carta en la mano y me pegó una paliza. Al principio no sabía a cuento de qué iba la cosa, pero con el tiempo me enteré de lo que se había escrito en esa carta y lo entendí.

Ahora él estaba sin trabajo y todo el día en casa, mientras que yo me iba a trabajar con mi niña chiquita para poder darle el pecho. El aburrimiento hizo que su cabeza pensara en cosas que no eran. «¿Qué camino has tomado hoy para ir a trabajar?», me preguntaba. O bien: «¿Por qué te has retrasado, con quién estabas?...». Cosas a las que no sabía muchas veces qué responderle, porque no tenían sentido.

Las palizas formaban parte de mi vida por cualquier motivo: porque no le gustaba la comida que había puesto, porque me retrasaba unos minutos después del trabajo, porque la niña lloraba y le molestaba, incluso porque cuando venía mi familia a visitarme se sentía molesto.

Un día se lo comenté a mi madre, pero ella decía que la vida de familia es muy difícil y que tenía que aguantar, que al menos estaba casada, y no como otras, que se iban a quedar «para vestir santos». Yo no era feliz.

El tiempo pasaba y los enfados ya no eran solo por celos. A esto se sumaron las juergas y las drogas acompañadas de alcohol, que hacían de su llegada en la madrugada un infierno; violaciones y embarazos me acompañaron hasta que cumplí los 27.

La señora de la casa donde yo trabajaba me sugirió que yo era muy joven y que con seis hijos ya había cumplido; ¿porque no ponía medios para no quedarme embarazada? Lo cierto es que yo no conocía ninguno y ella misma me proporcionó unas pastillas anticonceptivas y me explicó cómo tomarlas. De esta forma, no conseguía dejarme embarazada cuando me violaba, y yo jamás sentí lo que podía ser un orgasmo. Solo era algo de lo que se hablaba en algunas conversaciones, cuando me visitaban mis hermanas, en las que yo, muy prudente, sonreía pero no opinaba.

No he conocido a una mujer como ella
(Esperanza)

Fue por el año 1981 cuando trasladaron a mi marido Rafael a Córdoba. Nos mudamos a un piso céntrico y confortable cerca de la estación de la RENFE. Aunque el piso se adaptaba a nuestras necesidades, para mí era un poco sombrío, por lo que posteriormente nos mudamos a la plaza de Colón.

Al ser mi piso inicial bastante grande, un día le pregunté al portero si conocía a alguien que pudiese ayudarme en casa una o dos veces a la semana. Muy amablemente, el señor me dijo que sí de inmediato, y me comentó que había una señora con seis hijos que iba a casa de una vecina una vez por semana y que estaba muy necesitada. Le dije entonces que, la próxima vez que la viese, le comentara que viniera a mi casa para poder conocernos.

Al día siguiente, alrededor de las 13:30 h, llamaron al timbre.

Era Carmen, una señora bajita de 1,50 m, con unos dientes blancos y perfectos, ojos azules heredados de sus antepasados alemanes —de cuando la repoblación en tiempos de Carlos V— y una sonrisa permanente dibujada en su cara. Al instante dijo:

—¡Hola, señora! Soy Carmen. Me ha dicho el portero que necesita usted una mujer para limpiar.

Le sonreí y la invité a pasar para poder hablar cómodamente. Nada más entrar, le dije:

—Bueno, Carmen, es cierto que necesito a alguien para que me ayude en casa uno o dos días, ya lo vamos viendo.

Ella, casi con lágrimas en los ojos, me dijo:

—Señora, uno o dos es poco. Yo necesito trabajar todos los días y un sueldecito al mes, porque esto no me luce y tengo muchas bocas que alimentar. Además, ¡usted se va a *guirrar* de cómo limpio! —Después de eso, le comenté que podía empezar a la mañana siguiente y que ya iríamos viendo.

Tras un par de días con Carmen trabajando en casa, Rafael y yo decidimos hacerle un contrato mensual para que trabajara cinco días a la semana y con una nómina. Cuando le di la noticia, ella, agradecida, me dio las gracias y enseguida comenzó a hacer planes para organizarse con el edificio al que iba los sábados.

Carmen comenzó a trabajar a finales del mes de septiembre de 1981. Como realmente tampoco había tanto trabajo en casa para todos los días, y al comentarme ella que no sabía leer ni escribir, decidimos emplear un poco de ese tiempo a enseñarle, aunque solo fuese lo necesario para desenvolverse. Aunque Carmen tenía mucho entusiasmo y ganas de aprender, su situación personal, sus preocupaciones y el estrés no le permitían concentrarse al cien por cien.

Compré una cartilla de *Michu* y comenzamos con las vocales. Al principio fue todo muy rápido, aprendía a pasos agigantados. No dejaba de sorprenderme, a pesar de no saber leer ni escribir, su capacidad para solucionar cualquier tipo de problema administrativo, de ayudas sociales, becas… Se movía por las oficinas de las distintas administraciones como pez en el agua.

Reír es una de las cosas que más disfruto de la vida, y los momentos que compartí con Carmen enseñándole fueron espectaculares. Con su lenguaje tan coloquial, insultaba a las letras, los puntos, comas… que aparecían en la cartilla. Cualquier humorista hubiera hecho de ello un monólogo de éxito.

A pesar de lo divertido que nos resultaba a las dos, tuvimos que dejar las clases. Los muchos y grandes problemas que la acuciaban no le permitían concentrarse.

Cuando Carmen se jubiló, y con muchos conflictos ya solucionados, retomó las clases por su cuenta y, finalmente, aprendió a leer y escribir.

La decisión más dolorosa

Siempre trabajé para que a mis hijas no les faltara el alimento, porque la ropa se la pedía a señoras del edificio donde trabajaba que tenían los niños de la misma edad que los míos, y todas me ayudaban porque sabían que lo necesitaba. Confiaban en mí porque todo lo que me daban terminaba en los cuerpos de mis hijos, siempre limpios. Nunca me faltó un trozo de jabón para lavar en la pileta, ya que no tenía lavadora ni agua caliente. Pero el brasero de picón nunca faltó bajo la mesa de camilla y el barreño de zinc donde bañaba a mis seis hijos, en un agua hervida con cariño, de una forma rápida para que llegase al último calentita aún.

Una mañana de sábado, cuando las puertas y ventanas se abrían para ventilar la casa y limpiar, aparecieron dos monjitas como caídas del cielo, la hermana Ana y la hermana Pura. Levantaron la cortina que cubría la puerta y me preguntaron: «¿Se puede?». Yo, amablemente, las invité a pasar y a sentarse en el único sofá que tenía de escay color granate, que para nosotros era lo más cómodo del mundo. Todos mis hijos vinieron a ver quiénes eran y saludaron con timidez. Las hermanas nos preguntaron qué tal estábamos y yo vi la luz que necesitaba. Aunque no era muy religiosa, tenía un gran respeto a los que sacrificaban su vida por ayudar a los demás, y ellas eran de esas personas buenas que yo necesitaba en mi vida.

Cuando terminaron de saludar a los niños, me preguntaron de qué vivíamos. Yo les dije que estaba trabajando en la casa de una señora y que mi marido estaba parado. Ellas, impresionadas de lo que veían, me ofrecieron un colegio interno para las cuatro niñas mayores. Decían que veían que no éramos como las demás familias del barrio, que veían en nosotros una familia muy humilde y de buenas personas, y que era una pena que las cuatro niñas, tan bonitas y buenas, se estropeasen por donde vivíamos. Les dije que lo tenía que consultar con mi marido y que ya les diría algo. Al marcharse, me dieron dos papelitos con un sello de la congregación donde ponía «mil pesetas». Eran dos vales para comida en un establecimiento de su confianza. Les di mil gracias, pues para mí dos mil pesetas en alimentación significaban poder alimentar a mis hijos durante una semana.

Al sábado siguiente volvieron a mi casa, donde el panorama era el mismo que el anterior. Volvimos a hablar y me preguntaron si había tomado una decisión, ya que las plazas en los colegios eran limitadas y nos tenían que incluir a las cuatro niñas en el mismo colegio.

Me quedé pensativa un rato y vi claro que era mi oportunidad para quitar a mis hijas de aquel ambiente, un barrio donde los drogadictos se inyectaban heroína en los rincones de las casas sin importarles lo más mínimo si había niños o no; ellos estaban en su mundo. También evitaba que las niñas viesen lo que era su padre, y todo lo que me hacía mientras ellas dormían. Por todo esto tomé la decisión más dolorosa de mi vida y aparté a mis hijas de mi vida temporalmente para que recibieran una buena educación y unos estudios que yo no pude recibir cuando era pequeña. Y con todo el dolor de mi corazón, llevamos a mis hijas a un pueblo de Sevilla, donde estaba el internado. Les dije que estudiasen mucho y que las monjas les iban a enseñar muchas cosas que les vendrían bien para el futuro.

La pena me podía. Me abracé a mis cuatro hijas el primer sábado de septiembre de 1982 en un convento de monjas, de las cuales solo conocía sus visitas a casa y una intuición que me decía que estaba haciendo lo correcto. Mi marido me cogió y, protestando con «qué ruina tantos niños», me dijo que subiera al coche. Cogí a mis otros dos hijos y nos subimos en el coche, alejándonos con despedidas y lágrimas en los ojos por parte de todos, excepto del padre.

Una decisión difícil para Carmen (Esperanza)

Carmen era una mujer muy valiente a pesar de los problemas que tenía que afrontar todos los días. Yo la consideraba una mujer fuerte, con iniciativa y con mucho coraje, pero reprimida por un hombre que no la dejaba respirar. Aunque no totalmente, Carmen vivía anulada, como ocurre con la mayoría de las personas que conviven con un maltratador.

El lunes de un mes de agosto que regresaba de mis vacaciones, noté a Carmen algo distraída. Le ofrecí que se sentara conmigo un ratito para hablar de eso que le preocupaba, pues no me cabía la menor duda de que algo le pasaba. A pesar de sus problemas, siempre estaba sonriente y dejaba a un lado las preocupaciones que traía de su casa. Pero ese día algo había cambiado en ella.

Me comentó entonces que dos monjitas de una congregación habían pasado por su casa para ofrecerles un internado a sus cuatro niñas y que estaba pensando en aceptarlo. Tenía miedo de que su marido, en una noche de esas en las que llegaba borracho sin control, intentara violarlas —ya que en dos ocasiones evitó que abusara de Concepción, la madre de Carmen—.

La abuela Concepción, que también como su hija era una señora extraordinaria y amable, tenía la misma fortaleza y coraje que su hija y, por supuesto, no iba a consentir que su yerno la violase, por muy borracho que estuviese.

El temor a que su marido les hiciera daño a sus hijas empujaron a Carmen a tomar la decisión de refugiar a las niñas. No sabía con qué apoyos podía contar, pero lo que sí tenía claro era que su marido no lo haría. Para él, ella era su sirvienta, su esclava, SU MUJER, en todos los aspectos que conlleva una vida sumisa.

Una mañana, Carmen me sorprendió con el siguiente comentario:

—Señora, como usted lee muchos libros de asesinatos…, ¿no existiría un veneno para echárselo a mi marido y que no apareciese en la *artosia*?

Yo solté una carcajada y no podía parar de reírme. Mirándola, le dije:

—Carmen, no seas bestia.

Ella contestó:

—Es que es muy malo, señora.

Tras esto, le comenté que la solución no estaba en el veneno, sino en ella misma, en perder el miedo, en comprender que tenía que defenderse de su marido, y que intentara verlo como lo que en el fondo era: una víctima, esclavo de su propia inseguridad. Intenté que comprendiera que ella no podía solucionar los problemas que él tenía, y que lo que estaba en su mano era alejarse de él y de la influencia negativa que este ejercía en su vida.

En otra ocasión, detuvieron a su marido y Carmen pudo disfrutar de dos años de paz. Cuando se acercaba el momento de que saliera de la cárcel, le dijo a mi marido:

—Don Rafael, hable usted con el juez para que mi marido no salga nunca. —Ahí, nuevamente, le comentamos entre risas que las cosas no funcionaban de ese modo.

La historia de Carmen me apenaba mucho. Sabía bien hasta qué punto quería a sus hijas y con el amor que las cuidaba y se ocupaba de ellas. No desfallecía, no se quejaba por nada. Se las arreglaba para que todo lo que ocurría en casa pareciera natural y lo guiaba de manera que sirviera de aprendizaje a sus hijos. Su manera de afrontar la realidad llamaba mucho mi atención; que una chica tan joven como ella poseyera esa sabiduría y paciencia.

Siempre pensé que, en otras circunstancias menos difíciles, habría llegado muy lejos en el ámbito profesional, porque en el personal y emocional creo que no podía haber llegado más lejos. Carmen sacó a su familia adelante y dotó a sus hijos de una gran capacidad para defenderse en la vida, les enseñó buenos valores y el respeto y la bondad hacia los demás. Prueba de ello es, entre otras muchas cosas, esta biografía que le hacen sus hijos como homenaje a una madre a la que tanto admiraban.

—Carmen, yo sé que eres fuerte —le decía—, y seguro que lo que estás pensando es lo mejor para tus hijas. —Seguramente yo pensaba como ella. Por muy dolorosa que fuese la separación, tenía que ponerlas a salvo.

Y así lo hizo. La primera semana de septiembre las trajo a mi casa para que se despidieran de mí.

Quizás fue la decisión más difícil de su vida, pero seguro que también la más acertada. Ella lloraba pensando en sus niñas. En ocasiones venía a casa con sus dos hijos pequeños, pues cuando estaban enfermos no podía dejarlos en la guardería. Siempre la recuerdo con ellos en los brazos, cuidándolos, trabajando y llorando por la ausencia de sus niñas, sus tesoros más preciados, a las que no podía ver crecer por el miedo que le tenía a su marido.

Una vez a la semana, por las tardes, le permitían llamarlas por teléfono. Llamaba desde mi casa, pues no disponía de un aparato en casa.

Era una situación muy dura para todos, en la que yo también me sentía implicada. El dolor que ella sentía también lo sentía yo.

Quise mucho a Carmen. Era imposible no hacerlo. Y por su fuerza y su carácter envidiable, que no pasaban desapercibidos, también la quería mi familia, como si ella fuera una más.

La casa vacía

Después de tomar decisiones difíciles no pueden venir los arrepentimientos, porque el dolor que yo tenía en el corazón no sé cómo me dejaba respirar.

La vida continuaba para todos y yo tenía que seguir trabajando. No me quedaba otra opción, mi casa se mantenía de mi sueldo precario, pero sueldo al fin y al cabo, y era lo que había para sobrevivir.

Yo podía hablar con mis hijas una vez a la semana en horario de tarde, por lo que mi señora (Esperanza), que me ayudó mucho en este camino, me ofrecía su teléfono para hacer las conferencias a Sevilla, pues yo nunca me hubiese podido costear una conferencia a la semana de casi 30 minutos. Las cuatro querían hablar con su mamá y no era para decirles que no, bastante daño les había hecho con dejarlas allí.

El nudo no se me iba de la garganta. Cada vez que me decían mis hijas: «Mamá, ¿cuándo vas a venir a recogernos?» se me partía el alma. Mi respuesta era siempre: «Pronto, hija, aguanta un poquito más». Las lágrimas me corrían por las mejillas y el corazón me latía con tanta rapidez que no podía frenarlo de ninguna de las maneras. Mi señora Esperanza, que me veía cómo sufría, me hacía señales para que me despidiese. Pensaba que las despedidas tenían que ser cortas para que no fuesen muy dolorosas.

Ella era mi confidente, aunque siempre mi señora, pues yo sabía cuál era mi sitio e incluso le pedí un uniforme de criada para identificarme como tal, pero ella se negó. «Somos personas —me decía—, sean de la condición social que sean y trabajen donde trabajen, no hay que etiquetarse uniformando».

La primera Navidad

Fuimos a recoger a mis hijas al convento. Ellas estaban contentísimas, eran las protagonistas ese día, había muchas niñas que se quedaban allí.

No pararon de hablar en todo el camino, contándonos cosas del colegio. Ellas preguntaban por qué estaban allí, pues todas las niñas que había era porque no tenían padres o porque estos eran drogadictos. O incluso había niñas que eran muy rebeldes y los padres no podían con ellas, y era como una forma de castigarlas. Pero ese no era su caso y no lo entendían, a lo que el padre contestó: «Tu madre sabrá». Yo les dije que era por su bien, que las monjas iban a hacer de ellas unas mujeres educadas y les iban a dar unos estudios que yo no pude tener.

Ya en casa se acomodaron, abrazando sus almohadas y acariciando sus colchas, organizando las tareas de casa. Decían que en el cole también las tenían y querían tenerlas en casa. El padre salió sin decir nada y yo me quedé hablando con mis niñas. Ellas abrazaban a sus hermanos con tanta necesidad de cariño y afecto como nunca había visto.

Llegó la noche y el hombre, para celebrar la llegada de las niñas, llegó borracho. Yo lo esperé despierta para ponerle la cena, porque sabía que llegaría con hambre. Cuando me gritó pidiendo la cena, le puse un plato de alas fritas que nos gustaba mucho, pero a él no le apetecían en ese momento, así que empezó a decir barbaridades: «So puta, tú eres la que quieres separarme de mis hijos, cabrona. Te voy a matar», lo que acompañaba tirando la comida a la pared. Yo lloraba en voz baja para no despertar a mis hijos y evitar que viesen esa situación. Cuando se le terminó la comida, me cogió de la camiseta y me lanzó contra la pared, abofeteándome la cara. Yo me agaché para recoger la comida que había tirado y limpiar el salón un poco, y él se fue a la cama. No tuve más remedio que acostarme a su lado y me violó brutalmente.

HASTA AQUÍ LLEGA LA HISTORIA CONTADA POR NUESTRA MADRE. AHORA NOS TOCA A NOSOTRAS CONTAR LA NUESTRA.

Infancia de Ana
(Ana)

Soy la tercera de seis hermanos. Mi infancia la recuerdo rodeada de hermanas mayores y pequeñas. No era una niña que diese mucho ruido, por lo que mi infancia fue tranquila.

Recuerdo esa calle recorrida de la mano de mis hermanas mayores camino a la guardería, que estaba al final de la calle, y unas señoritas con bata blanca esperándonos en la puerta. Eso lo recuerdo con claridad, mi madre siempre trabajando y con un bebé en brazos, porque nunca la vi con un carrito. A nosotras, desde chiquititas, nos hacía ser responsables, cuidando siempre la mayor de la pequeña y así en cadena.

Después comenzamos a ir al colegio. El cole sí estaba más lejos, pero mi madre siempre nos llevaba los primeros días para explicarnos el camino. Después íbamos solas, con las mismas normas de cuidar la una de la otra y no mirar a nadie; las drogas y la violencia predominaban en el barrio. Eso era debido, quizás, a la pobreza que allí se vivía.

Mi casa era humilde y a veces había cucarachas que entraban por las tuberías del baño, de las cuales no tengo buenos recuerdos; tenía miedo de entrar en el baño. Cuando tenía mucha necesidad y no aguantaba más, entraba mirando cada rincón y salía corriendo por que mi miedo era fóbico. Sin embargo, era la niña más feliz del mundo al lado de mi madre, la mujer con más cariño que repartir y un corazón que no le cabía en el pecho. Me sentía cómoda en mi casita, compartiendo habitación e incluso cama con mis hermanas, con nuestras complicidades y nuestros ratos de risas, pero ese olor a jabón verde y Flota no se me olvida. Toda la ropa olía a jabón Flota. Mi madre lavaba a mano y la recuerdo siempre cantando, no se molestaba por nada nunca, ni le importaban las cargas que pudiese tener. Al contrario, lo hacía con agrado, con ilusión, con corazón.

Nunca me di cuenta de los malos tratos de mi padre hacia mi madre, pues casi no lo veíamos. Mi madre siempre intentaba que estuviésemos acostadas antes de que él llegase, quizás para no hacernos partícipes del espectáculo.

Pronto llegó lo peor para mí: aquellas monjas en casa diciéndole a mi madre que estábamos mejor en un colegio. ¡Pero si yo era feliz en mi humilde casa!, ¡cómo me iban a llevar a un colegio interna, sin poder ver a mi madre, ni a mis hermanos pequeños, ni incluso a mi padre, que para mí era como un desconocido!

Y lo peor es que mi madre dijo que sí, le parecía una buena opción la propuesta de las monjas. Ella pensaba que era lo mejor para nosotras, tenía que hacerlo por muy mal que lo pasara porque, según ella, era nuestra oportunidad de ser alguien y de recibir una buena educación.

Las vivencias de Carmen en el internado (Carmen)

Para mí, que soy la mayor, fueron momentos duros porque creo que cayó sobre mí todo el peso de la responsabilidad de cuidar de mis hermanas, o al menos ese era el deber que yo misma me había puesto. No era fácil entre una vida de rezos y sacrificios y las responsabilidades de los oficios que teníamos que llevar a cabo. Fue una etapa en la que, aunque convivíamos con más niñas, era como si las tareas del internado solo fuesen para nosotras. Y sentíamos el vacío en que nos dejaron nuestros padres y hermanos aquel triste día de septiembre.

Nuestra primera comida allí fue en un comedor con cuarenta comensales y nos pusieron una mesa en el centro para cuatro, donde nos sentaron a comer. No queríamos llorar ninguna porque nos contagiábamos y jugamos a ver quién era la más fuerte, pero no lo conseguimos. Arrancamos a llorar de una en una y la comida nos vino grande. Solo queríamos que todo el dolor que sentíamos en nuestros pequeños corazones pasase y volviésemos a ser felices.

Los abrazos y las buenas palabras de consuelo no existían en el internado. Nuestra llegada fue algo normal, solo se extrañaron de que fuésemos cuatro hermanas, ya que no era lo habitual.

Nos enseñaron cuáles iban a ser nuestras camas, en un pasillo de cuarenta camas vestidas todas con colchas rosas. Ana y Ángela dormían separadas de Inmaculada y de mí, puesto que nos pusieron juntas para que yo la cuidara, ya que aún no había cumplido los cinco años. La primera noche se acostó conmigo y, abrazadas, nos despertó una campana a las siete de la mañana, anunciando que había que levantarse para ir a misa de ocho.

Yo siempre he sido una niña muy perezosa para levantarme y me gustaba que me levantasen con ternura. Eso no existía en el internado, donde llegaba la monja con la campana y te la hacía sonar en el oído diciéndote: «La pereza es pecado».

Para mí, al igual que para mis hermanas, el periodo de adaptación fue muy largo. Llorábamos siempre las cuatro juntas y abrazadas porque queríamos irnos con nuestros padres. ¿Qué hacíamos allí? ¿Por qué nos hacían eso? Nosotras siempre habíamos sido buenas niñas, mi madre nos decía que éramos modelos para copiar. Entonces, ¿por qué?

El brazo de Dios
(Carmen)

Quería escapar de esos pensamientos que me atormentaban y me hacían sentir culpable, en ocasiones buscando respuestas a unas preguntas que no existían.

Nuestra rutina diaria era para no aburrirse, nos levantábamos a las 7:00 con una misa y nos acostábamos a las 22:00 rezando. Durante el día, tenías que haber terminado todas las tareas, tanto las de la casa hogar como las del colegio.

Pero yo necesitaba mi espacio, necesitaba desfogar. Si me iba a la huerta, que era un espacio reservado y prohibido para las niñas internas sin que las monjas estuviesen presentes, me castigaban. Así que tuve que buscar otro sitio menos apetecible pero que con el tiempo me fue gustando: la capilla. Por la tarde, las monjas tenían una hora de oración con el Santísimo y yo me apuntaba, era voluntario. En esa hora buscaba el consuelo que necesitaba en mi corazón. Al principio recitaba mis oraciones sin un libro de ayuda, solo éramos Dios y yo. Con el tiempo fui necesitando más de una hora de retiro y las monjas me lo permitían siempre que estuviese lista a las 20:00 para cenar.

Durante esas tardes en la capilla frente a Dios, contándole mis cosas, yo siempre pensé que había alguien que me escuchaba y eso era lo que yo buscaba, que me escucharan. Pasaba tanto tiempo de rodillas que no las sentía cuando me levantaba. Quizás era ese momento que ahora comparo con el yoga, cuando tú y tu respiración están bajo control, en sintonía, y te sientes bien, sientes alivio del dolor que te atormenta. Esa sensación tenía.

Internado
(Ángela)

Mis recuerdos del internado tienen muchas lagunas, pues los medicamentos que me tomaba para la epilepsia eran muy fuertes y me pasaba el día atontada, parecía un fantasma deambulando por el colegio. Solo recuerdo que mis notas eran muy bajas porque me dormía en clase, pero ellas sabían que tomaba cosas que me daban sueño y me lo permitían. Nunca tuve consecuencias por eso y para las actividades de la casa, de limpieza y de costura, le pedía ayuda a mi hermana Carmen.

Lo que sí recuerdo es cuando mis padres nos llevaron allí por primera vez, que no paraba de llorar junto a mis hermanas. Como regalo de las monjas de Córdoba, mi padre llevaba el maletero del coche lleno de cajas de yogur y natillas (una especie de obsequio a las monjas por habernos recogido, digo yo).

Recuerdo que mojaba la almohada de una baba amarilla; me imagino que sería a causa de los medicamentos. Me hacían quitar a diario el almohadón y frotarlo en la pila para quitarle las manchas, lo tendía y a la noche lo recogía para volverlo a colocar en la almohada.

Otra cosa que recuerdo es que acostumbraba a tener las manos en los bolsillos. Quizás me pesaban los brazos, como el resto del cuerpo, pero las monjas me las hacían sacar para darme en ellas una palmada y decirme que no estaba bien, que tenía que mantener las manos fuera de los bolsillos.

También recuerdo el trato que se le daba a una niña que se llamaba Adela, que tenía problemas de enuresis nocturna con seis o siete años. Las cosas que le hacían después de hacerse pipí por la noche eran propias de los tiempos de la Inquisición para niños.

Sí es cierto que para mis hermanas era una privilegiada, pues mis padres venían a recogerme para llevarme al médico cada vez que me tocaba la revisión. Y al menos dos veces al año la tenía, por lo que me marchaba para un día y al siguiente me traían de vuelta.

El internado
(Ana)

Cuando llegamos al convento, me invadió el miedo y la incertidumbre, además de la tristeza y la soledad, muchas sensaciones juntas para una niña de tan solo siete años, pero con una madurez obligada por las circunstancias vividas en el hogar.

Solo éramos cuatro niñas sin saber dónde estábamos ni por qué, pero nada más llegar comenzaron las normas. Al entrar vi aquel comedor con tantas niñas y ninguna me parecía que fuese feliz; esa fue mi primera impresión.

Para mí fueron los años más largos de mi vida, ya no porque se portasen mal conmigo, puesto que normalmente pasaba desapercibida, sino por la situación de muchas compañeras que no lo pasaban muy bien. Eso me dolía, me daba mucho sentimiento; mi madre jamás nos hubiese tratado así. Ese sentimiento de llorar cuando los demás lo pasaban mal era solo cosa nuestra. Era como si las demás niñas ya estuviesen acostumbradas y eso me dolía más aún. No había sentimiento, no había una palabra bonita, no había un arrullo ni un «¡no te preocupes! ¡Ya mismo viene mamá a verte!». Solo se escuchaba: «A los niños hay que educarlos a palos, como a los animales», o bien: «Como no hagas esto, no te vas a casa este verano», con un sinfín de reproches de los que mejor no hablar, pero que os podéis imaginar.

No se me quitará nunca de la cabeza Adelita, una niña que se orinaba en la cama, y lo mal que se lo hacían pasar las monjas, levantándola en pleno invierno para lavar las sábanas en un lavadero de una terraza con agua fría y tenderlas. Una niña con siete años, sin ella saber por qué se orinaba por la noche, aunque según las monjas era por floja y por no levantarse. Yo pensaba que no sería eso, porque después del mal rato que pasaba luego no le merecía la pena. Yo, siendo una niña como lo era ella, pensaba que podía ser una enfermedad, sin saber ni siquiera que eso podría existir.

Muchas veces pienso que para las monjas éramos números y no niñas. Además de hacernos marcar las ropas y nuestras taquillas con números, ellas nos llamaban por el número. Yo era el diez y, en general, éramos las hermanas Urbano. Cuando sonaba la campana, para mí era música celestial. Era el aviso de una llamada de teléfono o una visita. Nos asomábamos pensando que podría ser para nosotras y al escuchar después de ese aviso de campana «¡para las hermanas Urbano!», me daba un vuelco el corazón de la felicidad que me trasmitía esa sensación de poder hablar con mi madre, aunque sabía que al otro lado del teléfono estaba una monja escuchando todo lo que decíamos, al igual que las cartas nos las entregaban abiertas; ellas tenían que estar informadas de todo. Cuando me tocaba a mí hablar, lo único que le decía a mamá era que no entendía por qué teníamos que estar allí, que éramos buenas, y las niñas allí eran muy raras y las monjas muy malas, que viniese a por nosotras. A lo que una voz de monja se oía al otro lado, diciendo que estábamos muy nerviosas aún y por eso decíamos esas barbaridades, «cosas de niñas, que no se preocupe usted, Carmen». Yo solo pensaba en mi casa, humilde, pobre y con cucarachas alrededor del váter. Pero era mi hogar, con mi madre, mi abuela y mis hermanos, pues allí era feliz y aquí no.

Fueron los años más largos de mi vida. Solo quería que el tiempo pasara rápido y dar el menor ruido posible para no ser castigada. He borrado muchos recuerdos y no quiero recordarlos, porque aún recuerdo ese estropajo de soga y ese jabón verde que utilizaban para bañarnos. Según ellas, teníamos roña. Yo no sabía qué era eso de la roña, cuando nos bañábamos a diario, pero sí sé que nos escocía la piel y no sé cómo podían bañar así a unas niñas pequeñas. Era muy doloroso y cuando lo pienso se me pone el vello de punta, pero ni una lágrima echábamos, os lo aseguro. Muchas veces pienso que esas cosas las hacían para fortalecernos, pero no íbamos allí a hacernos mártires ni santas. La intención de mi madre era que nos educasen y nos diesen unos estudios, sin mayores pretensiones.

Nunca entendí el tenerme que levantar a diario a las siete para oír misa. Allí me dormía y lo único que hacía era dar cabezazos en el banco de la iglesia, eso sí, con una monja detrás espabilándome.

¿Pero qué niña aguanta eso? ¿Y sin siesta? Solo me gustaba la misa del fin de semana porque en esa sí estábamos vestidas de guapas, si se le puede llamar bonito a un vestido de «Sissi Emperatriz», pero para nosotras era el de los domingos y yo me sentía divina. También me gustaban esas misas porque había un chico que era el monaguillo oficial y que me gustaba; cuando me miraba sonreíamos los dos. Pero después de la misa venía lo bueno, el desayuno: pan calentito recién hecho que traía el panadero justo después de misa y mantequilla Zas, la mejor del mundo, me sabía a gloria y aún recuerdo ese sabor tan intenso y gustoso.

Tengo recuerdos que me vienen a la cabeza, pero me gustaría olvidarlos por completo, porque considero que era cruel el trato y no quiero ni pensarlo. En muy raras ocasiones subíamos a la piscina, eran muy poquitas, quizás contadas con los dedos de la mano. Las monjas llevan hábito en verano e invierno y pienso que no subíamos más a la piscina por la calor que ellas pasaban al estar vigilando. Recuerdo cuando amarraron a una niña a una silla por una tontería, quizás porque se tiró y salpicó a una monja y estaba prohibido tirarse, o algo así. La monja la cogió de los pelos y con una cuerda la ató en una silla durante todo el tiempo que estuvimos en la piscina. Yo cogí mi toalla, porque no podía verla allí atada, y me fui a tumbarme a las canchas de baloncesto, que era donde nos tumbábamos después de la piscina. Nos castigaban sin piedad. Los castigos de ver cómo las demás se divertían y tú te quedabas sentada eran sus favoritos. Aunque yo, cuando veía a alguien castigado, ya dejaba de divertirme. Sufría, no sé si por miedo o por mantenerme en silencio y no ser oída, pero ese sentimiento aún lo llevo conmigo y creo que es algo aprendido.

Ni para mí ni para mis hermanas ha existido una infancia, o al menos las cosas bonitas y esos momentos que debieron ser vividos. Yo a día de hoy no me quiero imaginar a mis hijos pasar por una situación como la mía, dentro de un internado, pues los quiero con toda mi alma. Y el cuidado y la educación considero que deben hacerse desde el cariño y la comprensión, pero la situación de mi madre era desesperada y entiendo por qué lo hizo, aunque en el convento nos robaron la libertad y la infancia. Sí es cierto que cuando estaba cerca de mamá sentía alivio, un alivio que me duraba hasta que tenía que volver de nuevo al convento, donde era la número diez.

Vivencias de Inmaculada en el internado (Inmaculada)

Lloraba agarrada a la pierna de mi mamá, sin entender por qué nos teníamos que quedar allí. Mi padre era el ser más maravilloso del mundo y mi madre, para mí, era única y no había otra igual.

Sin entender el porqué, pasé un año sin poder hablar con mi madre, pues ella llamaba una vez a la semana y solo podía hablar con las mayores. A mí nunca me dejaban hablar con ella porque no sabía explicarme muy bien y tardaba mucho, así que estuve un año sin oír la voz de mi mamá.

No fue nada fácil mi estancia allí, porque según las monjas yo era un «bicho». Me pegaban por no querer comer algo, por no hacer alguna tarea, por olvidarme de hacer alguna cosa que me hubiese tocado en ese momento… Y para pegar utilizaban «la soga», un cordón anudado que llevaban colgado al hábito. Ellas decían que a las personas había que educarlas como a los burros, a base de palos, y que así era como aprendían.

Mis hermanas, sin embargo, lo llevaban mejor que yo, pues ellas eran mayores, obedientes y buenas, todo lo contrario que yo. Quizás sea porque era la cuarta y tenía 4 años, y no es por excusar mi comportamiento, pero sí es cierto que podían haber intentado entenderme.

Nos levantaban para ir a misa a las siete de la mañana, sin yo entender por qué teníamos que rezar a una estatua. Y, sin querer levantarme, me daban un azote en el culo diciéndome: «Venga, perezosa». ¡Nunca entendí lo de ir a misa a diario!

Me daba fatiga la leche y, como no me la quería beber, me la derramaban por la cara con la boca abierta a la fuerza y me entraba también por la nariz. Si lloraba y pataleaba, eso las enfurecía más y me azotaban en el culo. Mi madre jamás me hubiese tratado así, jamás me hubiese pegado, ella era todo dulzura.

Se terminaba el papel higiénico. Otro suplicio. El rollo tenía su tiempo de consumo y si lo terminábamos antes… ¡castigo! Mira por dónde, lo terminé yo un día antes de la fecha y tuve que pedir otro. Pues me castigaron durmiendo el resto de la noche en el pasillo sentada en una silla; según ellas eso era derrochar. ¡¡¡DERROCHAR!!! Pero si veníamos de una familia que no tenía para comer y que mi madre estaba todo el día trabajando por 15.000 pesetas al mes, de una casa donde no existían los caprichos y mirábamos hasta por una gota de leche… ¿Qué me iban a contar ellas de derrochar? Jamás se me ocurriría. Ese castigo, tan desproporcionado para lo que había hecho, me hizo acordarme de mi madre a cada minuto, y ahora pienso que tuvieron que ser duros los tiempos de Franco, porque yo viví una «democracia» franquista.

No había juegos a pesar de nuestra edad, todas las horas estaban controladas y ocupadas con quehaceres.

Cada tres semanas, el domingo después de misa, sacaban unas bicicletas que pesaban como dos bombonas de butano juntas y unos patinetes oxidados.

Un día me apeteció pasar la mañana en la huerta, un espacio ajardinado que lo tenían reservado las monjas para las visitas y en el que, en algunas ocasiones, hacíamos pícnic con ellas en una especie de retiro espiritual. Había canchas de baloncesto y una piscina. Sin decirle nada a nadie, me fui a la huerta a sentirme libre. Escuchaba mi nombre a lo lejos. Era una monja llamándome. En aquel entonces tenía 8 años y ya me conocía todos los rincones del internado. Pero, finalmente, me encontraron y cuando lo hicieron me encerraron en un cuartillo de escobas que había en la huerta, a oscuras, durante el resto del domingo. Fue uno de mis peores días, pues tenía mucho miedo.

¿Dónde estaba la democracia entonces? Felipe González, me llamaban las monjas. Yo no sabía quién era ese señor, hasta que me enteré de que era el que gobernaba el país y era del PSOE. Eso para ellas era una cosa mala.

Yo necesitaba algo diferente, que no fuese hacer las tareas de la casa hogar y las del colegio, y mucho menos rezar. Me gustaba cantar y, de alguna forma, tenía que entrar en el coro de la iglesia, aunque para conseguirlo me tuve que portar bien unos días y hacerle ver a las monjas que, aunque no tenía la edad para entrar, sí tenía cualidades y capacidad para ello. Mis hermanas estaban en el coro y yo también quería formar parte de él, para tener ese ratito donde ellas podían escaparse y desconectar cantando, para poder hacerlo yo también y no estar haciendo otras labores aburridas.

Conseguí entrar. Era la más pequeña del coro, pero aun así me hacían cantar algunos solos en canciones. ¡Flipante para mí, claro! El simple hecho de hacer algo que me gustaba me hacía sentir grande.

Los domingos por la tarde nos regalaban un poquito de televisión. Una vecina nos grababa en cintas de vídeo las películas de Marisol, típicas de la época y las únicas que nos dejaban ver las monjas. Llegué a aprenderme todas sus canciones y, por supuesto, las cantaba por los pasillos y en cualquier momento que se me permitiese hacerlo.

Para mí, el convento era una cárcel, necesitaba libertad. Tenía dos muy buenas amigas, Soraya y Teresa, siempre juntas en todas las aventuras.

Recuerdo una cosa terrible. Teníamos una compañera que se llamaba Adela y tenía problemas de incontinencia urinaria por las noches. Cada vez que se hacía pipí y ella se notaba mojada, llamaba a la monja de guardia que dormía en nuestra habitación, pero rodeada con unas cortinas, pues se consideraba zona de clausura. La monja no le daba unas sábanas limpias para cambiarse, ¡no! Le hacía levantarse de madrugada, quitar sus sábanas y llevarlas a la azotea, donde había un cuartillo con una pileta para lavar algunas cosas de forma manual, pues la hacían lavar sus sábanas a mano de madrugada y tenderlas. Después podía vestir su cama con sabanas limpias y acostarse de nuevo, hasta que ella, por no pasar por ese calvario, decidió quedarse toda la noche mojada y tiritando de frío, a esperar que amaneciese, y así no pasar la noche tan sola. Quizás ella necesitaba que estuviésemos ahí, aunque fuese solo para verla. Siempre había alguien que le ayudaba a lavar, hacer la cama y recoger sus cosas. Era de mi edad y no podía imaginar que eso me pasara a mí. Las monjas decían que lo hacía por pereza y por no levantarse al servicio, pero con el tiempo los médicos detectaron que tenía un problema de incontinencia. Las monjas nunca se disculparon por sus acciones.

Felipe González, mi salvador
(Inmaculada)

Al fin me llegó la hora de coger el teléfono cuando mi madre llamaba, porque mis hermanas mayores ya no estaban internas, ellas habían terminado la EGB y se marcharon con mi madre. Ana y yo seguimos en el internado dos años más. Siempre que llamaba mamá, lloraba como una condenada, pidiéndole que por favor viniese a recogernos, que era muy mala por dejarnos allí. Ahora me arrepiento de haberle dicho esas cosas, ella solo quería el bien para nosotras y, de hecho, creo que lo estaba pasando peor que yo.

Teníamos dos horas de estudio por la tarde, que se hacía en una clase del colegio vigilada por una monja. Esa monja era nueva en el estudio ese año, pero… ¡maldita monja! Se llamaba Josefina y no medía más de 130 cm. Sus métodos eran de los tiempos de la Inquisición. A mí llegó a rajarme una oreja, a mi amiga Antoñita le clavó un lápiz en la cara y se la marcó con un arañazo por sacar mucha punta al lápiz y no cuidar de él; cosas que se nos escapaban de las manos… ¿Cómo podía esa ser monja?

Cuál fue mi sorpresa cuando nos dicen las monjas que el Gobierno ha decidido quitar las clases de 4.º y 5.º del colegio y pasarlas al «colegio del Gobierno», como le llamaban ellas. Era un colegio mixto que estaba en la misma calle que el nuestro, que era solo de niñas. Dios mío, qué alegrón me llevé. Era mi momento de libertad, de ver gente, el simple hecho de salir a la calle era todo un lujo. Yo tenía 9 años, pero me sentía como si tuviese 16, pues todas esas vivencias en el convento me habían hecho fuerte. En el nuevo colegio me hice muy popular, tanto que supuso un calvario en ocasiones. Los niños gritaban mi nombre y trepaban la valla para poder verme, y eso me suponía castigos y más castigos… «Por golfa», decían las monjas. Golfa, una cría de 9 años que solo quería que alguien le prestara un poco de atención y ser escuchada.

Los castigos no pudieron conmigo, pues yo veía divertido todo aquello que estaba pasando. Conocí a un chico que bailaba flamenco, era la pareja ideal; yo cantaba y él bailaba. Se llamaba Salvador y no sé si era amor, pero sí sentí mariposas en el estómago. Con él sí se podía hablar. Le conté lo que me estaba pasando por asomarse y gritar mi nombre, y él medió entre los demás para que no lo hicieran más y así evitar que me castigasen. Yo siempre iba acompañada de mis inseparables Soraya y Teresa. En el colegio del Gobierno nos acogieron muy bien y yo me sentía feliz y grande.

El Demonio
(Inmaculada)

Un verano, uno de los pocos que nos recogían nuestros padres para pasar unos días en casa, sucedieron cosas que nunca me pude imaginar. Mi padre, mi ejemplo vivo, mi papá querido, yo su hija favorita… ¡¿Cómo podía hacer esas cosas?! ¡El ser más maravilloso de mi vida se había convertido en un demonio!

El camino de regreso a casa fue horrible, con mi padre protestando. En el coche él estaba fumando, había seis niños en el asiento de atrás, unos encima de otros. Mi madre, la pobre, preparando bolsas y trapos por si vomitábamos para no ensuciar el coche, un dos caballos sin amortiguadores, a bordo del cual las curvas se convertían en ocasiones de mareo asegurado. En ese momento, sin dar tiempo a avisar de que te estabas mareando, de repente alguno vomitaba, y mi madre iba corriendo para limpiar el estropicio. Mientras tanto, mi padre gritando y cagándose en todo… ¡Qué camino más largo para todos!

Llegamos a casa y mi padre desapareció, yo no sabía dónde estaba, ni a dónde fue, solo quería estar con él. Llegó a la hora de cenar, borracho, insultando a mi madre sin saber por qué. Pero lo que me impactó fue cuando vi que la cogió del cuello y la levantó, le dio unas bofetadas y, cuando la bajó, la tiró contra la pared arrancándole el jersey. Fue tal el impacto, que me fui en su busca a empujarlo para que dejara a mi madre en paz. Desde entonces no lo veía igual: era el demonio, el ser más despreciable que ha existido nunca.

Un verano más
(Inmaculada)

Como de costumbre, vino mi padre a recogernos al internado a mi hermana Ana y a mí para pasar unos días en casa. No sabía ya qué era peor, si la cárcel del internado o mi casa con el Demonio. Pero el amor que les tenía a mis hermanos, hermanas, abuela y a mi madre era más fuerte que ese «demonio».

Ese verano recuerdo que nos estaba montando una piscina de juguete en el patio. Mi hermano y yo jugábamos alrededor de las piezas de la piscina, con tan mala suerte que una de las patas se me cayó en el dedo pequeño del pie. Me dolía tanto que arranqué a llorar. Mi padre se enfadó tanto que me echó del patio con un gran azote en el culo, sin importarle lo que me había hecho. Mi abuela pasó toda la noche conmigo, porque el dolor me envolvía, y cortó un tomate para ponérmelo fresquito en el dedo. Estuvo despierta hasta que me venció el berrinche y me dormí.

Menos mal que el verano pasó pronto y nos pudimos ir mi hermana Ana y yo al internado, lejos del Demonio. Pero yo quería estar con mi madre y mis hermanos y hermanas y mi abuelita, que era el ser más maravilloso del mundo.

«¡Mamá, por favor, quítanos pronto del colegio!», le decía. Pero ella nos prometió que este año iba a ser el último, porque ya empezaba a tener problemas con mi padre para poder ir a vernos y, mucho menos, a recogernos. Y así fue. Este año era el año de la esperanza por volver a casa.

Conocí a la mujer más maravillosa del mundo (Manoli)

Sería por 1980 cuando conocí a Carmen. Ella trabajaba en casa de una señora vecina de mi hermana mayor. Cuando mi hermana y yo arreglábamos armarios, siempre se acordaba de ella y me decía que no se tirase nada sin que Carmen lo viese. A sus vecinas le decía lo mismo con la ropa de las niñas. Mi hermana tiene una hija de la edad de la hija mayor de Carmen y le guardaba muchas cositas que le quedaban pequeñas, porque Carmen era muy menudita y mi sobrina estaba más grande. Mi hermana contaba con Carmen alguna tarde para que le ayudase con la limpieza de su casa, y no podía pasar sin ella, pues decía que como limpiaba Carmen, ninguna.

Yo trabajaba en Galerías Preciados (actual El Corte Inglés) y mis padres se hacían mayores. Por mi horario en turno partido, me daba poco tiempo de hacer las tareas de la casa, y mi madre cargaba con todo el peso del hogar, sola. Un día, comentándole esto a mi hermana mayor, me dijo: «¿Por qué no hablas con Carmen? Seguro que con la falta que le hace estará encantada de ir a casa para ayudar a mamá». Y así lo hice, aunque dudaba que esa mujer, con la carga que tenía de familia y todo el día trabajando, quisiera seguir echando horas. Le dije a mi hermana que avisara a Carmen a ver si podía venir esa tarde, que yo descansaba, y así conocerla y decirle un poco lo que tenía que hacer.

Carmen, sin dudarlo, vino con sus niñas en fila, todas muy limpias, y me decía: «Ellas se sientan en el sofá y no dan ruido mientras que yo te hago lo que me digas. ¿Por dónde empiezo?». Sinceramente, dudaba que esas chiquillas se quedaran tres o cuatro horas quietas en el sofá sin pedir nada, pero me impresionó el que así fuese, no protestaron en toda la tarde. Les puse un poquito la tele para ver los dibujitos y ahí se quedaron hasta que su madre terminó. Pero mi madre no se quedaba tranquila, no iba a permitir que esas chiquillas se fuesen a la hora que era ya y sin comer, así que les puso la mesa y comieron las cuatro antes de irse. Ellas se mostraban muy agradecidas con todo, se notaba la humildad y el saber estar de su madre, y también cómo se lo transmitía a esas niñas; una monería de niñas, buenas, guapas y limpias.

El trabajo de Carmen era de calidad. Por esa razón trabajaba como una mula y nunca le faltaba trabajo, todos queríamos que viniese a ayudarnos en casa. Una vecina mía también quería que fuese, pero ella no tenía más horas libres y, sinceramente, no sé cómo podía, así que decidí compartirla con ella una semana en cada casa.

Recuerdo una anécdota muy graciosa: mi madre compró una lavadora eléctrica, de las nuevas en el mercado, y no sabía qué hacer con la otra, que aún funcionaba y que buen apaño nos hizo durante muchos años. «¿Qué hacemos con ella?», me dijo mi madre. «No te preocupes, que se lo decimos a Carmen. Ella sigue lavando a mano y seguro que le da apaño», le contesté. Se lo comentamos a Carmen el día que vino a casa y apareció al día siguiente con su madre (la abuela) y una carretilla de una obra que habían pedido prestada. Entraron como dos torbellinos de energía preguntando dónde estaba la lavadora, que se la llevaban. No sé cómo pudieron subirla a la carretilla, pero la verdad es que me impresionó la fuerza de esas dos mujeres. Al salir, Carmen comenzó a cantar la canción de Manolo Escobar, la de *Mi carro*, y mis padres y yo no podíamos contener la risa. Era una mujer que por donde pasaba dejaba buen humor, te hacía pasar ratos divertidos y te llenaba el corazón de felicidad. Pensar que con lo poco que tenía y con tantos hijos y lo feliz que era… Cuando a nosotros, teniendo tanto, quizás nos faltaba ese rayo de luz que ella tenía y que tanto necesitábamos.

Con el tiempo nos hicimos buenas amigas. Carmen y yo éramos de la misma edad y compartíamos muchas cosas e intimidades, aunque había cosas que ella nunca contaba a nadie, quizás porque no quería que se enterase la gente o por no darle importancia. Pero a día de hoy y escribiendo este trozo de mi vida con ella, acabo de enterarme de que su marido le pegaba. Siempre supe que era muy celoso, porque ella me contaba cosas que me hacían pensarlo, y sabía que la tenía muy vigilada, pero jamás me contó que le pegaba.

En el año 1982 me comentó que iba a meter a las niñas en un colegio interno para que les diesen una buena educación y quitarlas del barrio. Yo pensaba igual que ella, pues esas niñas no pegaban en aquel barrio, y apoyé su decisión. Le dije que hacía lo correcto, que sería duro desprenderse de ellas, pero que con seis niños y trabajando era muy difícil que pudiese atenderlos correctamente. En ese momento tenía 29 años, el hijo pequeño con un año y medio y la mayor con nueve años. Era una mujer joven pero a la vez muy mayor, una definición complicada que no sabría explicar; tomaba decisiones muy maduras y con cabeza para la edad que tenía, y la circunstancia de que llevaba un hijo casi por año.

Así lo hizo. Las niñas, en septiembre de aquel año, ingresaron en un internado y doy fe que fue muy duro para ella desprenderse de sus hijas. Ellas eran el mayor tesoro que tenía y no se separaba nunca de ellas, e incluso se las llevaba a trabajar cuando era necesario porque eran niñas muy educadas y buenas.

Los primeros meses separada de sus hijas fueron muy duros. Recuerdo que cuando venía a casa yo le decía que las llamara por teléfono. Sabía que ella en su casa no tenía teléfono y que en una cabina una conferencia le iba a costar bastante. Le ofrecía mi teléfono para llamar y ella me decía: «Manoli, si yo quisiera hablar con ellas todos los días, pero lo paso tan mal que me da una cosa colgarles… porque no me salen las palabras, que no puedo». Sin dudarlo, le pedía el papelito donde tenía apuntado el teléfono del convento y le marcaba para que pudiese hablar con ellas. La rutina siempre era igual: hablaba un rato con la monja y luego esta le pasaba con sus hijas, pero cierto era que se le hacía un nudo en la garganta y se le llenaban los ojos de lágrimas. Me pasaba el teléfono sin poder hablar y yo, para quitarle importancia y que se le fuese pasando, hablaba con las niñas. Ellas me conocían de haber venido a casa y les preguntaba cómo estaban, pero ellas querían hablar con su madre y me preguntaban por ella. Cuando Carmen se recomponía un poco, le pasaba el teléfono y aprovechaba para despedirse de ellas. «Pobre mujer», pensaba yo, «¿cómo puede con esa cruz tan pesada que Dios le ha dado?». Carmen era pura fuerza y todo coraje para afrontar una vida llena de obstáculos, pero FELIZ, y eso era lo que más admiraba de ella: su entereza, su felicidad, su saber estar, su alegría por donde pasaba y la dulzura de su voz cuando cantaba.

Por los años 1987-1988 —no lo recuerdo muy bien—, su marido comenzó a perseguirla demasiado. Tanto miedo tenía que una tarde de las que venía a casa para ayudarme me lo contó. Dio la casualidad de que mi vecina subió a decirle que estaba allí su marido, en la acera de enfrente, y ella le dijo que no sabía qué hacía allí, si acababa de llegar. Mi vecina —que ya sabía de qué iba la cosa— mandó a su marido Curro, de casi dos metros de alto y muy fuerte, a que le dijese algo al marido de Carmen. Curro bajó de inmediato a decirle que, o se iba de ahí, o llamaba a la policía, y la verdad es que el otro le hizo caso. No sé si luego se escondería en alguna esquina, pero cualquiera le decía que no a Curro.

Visita al médico
(Ángela)

Llevábamos tiempo sin hablar con mamá, pero sabía que se aproximaba el día que tenía que recogerme para la revisión del médico.

Llegó el día, y veo que no viene mi padre con el coche, sino que aparece mi tía Antoñi con mi madre, y pensé que a mi padre se le había estropeado el coche.

La hermana Lina, que era la encargada de las niñas internas, nos llamó a mi hermana Carmen y a mí. Mi madre me abrazó con ansia y mi tía, con lágrimas en los ojos, estaba emocionada al ver cómo abrazábamos a mi madre y las ganas que teníamos de salir de allí, cosa que no era fácil para nadie.

Recuerdo a la hermana Lina en una salita de la entrada al convento, leyéndonos trozos de periódico escritos al margen con una letra que reconocimos al instante. Otra cosa no, pero la letra de mi padre era de caligrafía, preciosa y derecha. Nosotras escuchamos en silencio la lectura y luego la explicación que nos dieron los adultos. Mi hermana y yo nos quedamos sin palabras, llorando e intentando recuperarnos: mi padre estaba en la cárcel.

Por el camino le pedíamos explicaciones a mi madre, que con lágrimas en los ojos nos decía: «Hijas, vuestro padre no es lo que parece». La tita Antoñi nos explicaba lo sucedido lo mejor que podía, pues ella era joven, pero lo presenció todo y sabía lo que había pasado, aunque no desde cuándo pasaba.

Mi padre preso
(Ana)

Aquella noticia no sabía cómo encajarla, me quedé pasmada. Mis hermanas mayores ya se fueron del convento y mi madre decidió que Inmaculada y yo nos quedásemos un año más.

Muchas veces pienso en lo dura que ha sido la vida con nosotras, y digo *nosotras* porque las cuatro hermanas mayores nos hemos visto más faltas de cariño y de libertad que mis hermanos. Ellos han disfrutado de mi madre y han vivido una infancia junto al tesoro de mi casa, que es mi madre, que tenía amor para todos y ternura… ¡Cómo la eché de menos todos los años que estuve interna!

Mi madre seguía limpiando casas, ganando muy poquito, y mi padre en la cárcel con muchas necesidades. A eso se suma que mi hermana y yo seguíamos en el internado y no era fácil ni barato venir a vernos. Aquello era como un jarro de agua fría.

Yo necesitaba volver a casa, soñaba con la vuelta cada noche. Sabía que me quedaba poco, pero los días eran más largos que nunca teniendo las mismas horas. Quería volver con mis hermanas mayores, con mis hermanos pequeños, abrazar a mi madre y a mi abuela. Y quería comprobar la situación por la que estaba atravesando mi familia con mi padre preso. Éramos una familia desolada.

Llegó el día en que nos íbamos a casa, por fin. Lloraba más que cuando entré por primera vez por aquella puerta. Fue muy emocionante ver a mi hermana Carmen y a mi abuela venir a recogernos. Nos fuimos en el tren, sin maleta, pues solo llevábamos lo puesto. La ropa era del internado, pero mi hermana Carmen, que era tan coqueta, le pidió a las monjas unos zapatos de tacón que se ponía para ir a misa y se los dieron, los suyos y otros de su número.

Mi hermana siempre fue la favorita de las monjas, pero yo estaba loca por salir de allí. Era mi momento de gloria, como el que sale a un escenario por primera vez, con esos nervios del estreno…, pues igual estaba yo en mi salida del convento. Dejaba allí buenos momentos, que, por desgracia, fueron pocos, y malos, que fueron muchos, también por desgracia. Volvía a mi humilde hogar, con mi familia que me quería y a la que yo adoraba.

UN VERANO DE LO MÁS ANORMAL (RECUERDOS DE TODOS)

Nuestro primer vis a vis

Estando en casa un verano, mi madre quería que fuéramos a ver a mi padre a la cárcel, así se lo había pedido él. No logramos entender que, después de lo que le hizo, aún cuidara de él llevándole ropa limpia y algo de dinero para sobrevivir allí, además del tabaco y las visitas que no se merecía. Pero si mi madre no iba a verlo (a pesar de que él tenía siete hermanos), nadie se iba a hacer cargo de él; sus hermanos ni siquiera fueron a verlo una sola vez. Para las monjas era una obra de misericordia lo que estábamos haciendo y teníamos que seguir haciéndolo, porque en el fondo era nuestro padre. ¡Eso decían!

Mi padre solicitó un vis a vis para que todos fuésemos a visitarlo. Nunca habíamos estado allí, ni siquiera por fuera. Recuerdo que cogimos un autobús que nos dejó justo en la puerta. Había una media rotonda y un bar donde desayunaban los familiares de los presos, según nos comentó mamá. Al entrar, la impresión y el miedo se apoderaron de nosotras, algo normal al entrar por primera vez en una cárcel, pero enseguida pensamos que de qué íbamos a tener miedo, si estaban encerrados los presos peligrosos. A todas nos rondaba por la cabeza la misma pregunta: ¿qué hacíamos allí? Estábamos visitando a una persona que pensábamos que era un padre maravilloso y resultó ser un demonio, un impresentable y un malnacido. No tenía bueno nada más que el nombre.

Al entrar, nos cachearon y revisaron por todos lados para ver que no llevábamos nada que no estuviese permitido. Nos metieron en una habitación y nos pidieron que esperásemos. Era una habitación fría, con una cama vestida con una colcha que parecía de esparto, que picaba al sentarse, un baño algo desastroso, una mesa redonda y dos o tres sillas, no lo recuerdo con exactitud. Mi madre nos avisó de que no tocásemos nada y que estuviésemos quietecitas para que papá no se pusiera nervioso. En ese momento se notaba que los seis hermanos estábamos con los nervios a flor de piel y que no queríamos estar allí. Le preguntamos a mamá cuánto tiempo íbamos a estar allí y, en ese preciso momento, sin dejarla responder, entró mi padre. Por su boca salió un «Hola, hijos» con una sonrisa como forzada, y nos dio un beso a cada uno. Nos preguntó qué hacíamos, por lo que le contestamos: «¡Pues venir a verte!».

«¿Cómo estáis?», nos preguntó, y le contestamos con desgana que estábamos bien, pero se nos notaba que no teníamos muchas ganas de hablar con él. Mis hermanos pequeños se sentaron en la cama, mientras Ana, Ángela y yo nos quedamos de pie observando qué hacía mi padre. No nos fiábamos de él y estábamos asustadas. No recuerdo bien la conversación, pero creo que le estaba recriminando a mi madre nuestra actitud hacia él. Ella le decía que era normal, que no lo entendíamos y el sitio nos tenía sobrecogidos y algo asustados. Él le recriminaba que nuestra actitud era por su culpa y, en ese momento, la agarró por el cuello, a lo que corrimos a separarlos mientras Inmaculada llamaba a la puerta. Entraron dos guardias y se lo llevaron esposado. No quisimos decirle adiós, nos había fallado de nuevo, ni en la cárcel tenía respeto por mi madre. ¿Cómo podía ser que la tratara así, si era la única persona que lo cuidaba?

Estuvo un tiempo con los vis a vis cortados debido a ese incidente, pero mi madre no dejaba de visitarlo todas las semanas por las cristaleras y hablaba con él por un teléfono. A mi madre le daba una bofetada y ella iba a por otra. No sé lo que pensaba en ese momento, pero me hubiese gustado estar dentro de ella para saberlo. Para ella no había nadie malo, solo alguien con problemas que se podían solucionar.

Noche de *rally*
(Ángela)

Era el primer año en el que no quedábamos ninguna en el internado. Un día de los más frecuentes, por desgracia, mi padre llegó de noche muy borracho. Ese día, mi madre nos había mandado a la cama a todas, pero Carmen y yo decidimos quedarnos con ella para protegerla. No era lo habitual, y mi madre no estaba muy por la labor, pero días antes ya le había pegado y no queríamos que se volviese a repetir.

Entró por la puerta y cuando nos vio en el sofá sentadas, nos sonrió. Nos extrañamos un poco, pues no era lo habitual, como tampoco era habitual que llegara y nos viera levantadas.

«¡Ay mis niñas, que se están haciendo mayores!», decía, y empezó a hablar con nosotras sobre muchas cosas, tratándonos como adultas. Era muy raro y no recuerdo bien la conversación cuando, de repente, mi hermana Carmen dijo: «¿Por qué no nos llevas a ver dónde vas todas las noches y nos enseñas algo de ambiente? Ya somos mayores y tenemos que saber los peligros que nos podemos encontrar en la calle». Él aceptó de inmediato. La intención de Carmen era sacarlo de casa cuanto antes, pues el tono que usaba con mi madre y su actitud se estaba calentando por momentos.

Nos subimos al coche y no he pasado más miedo en mi vida. Salió quemando ruedas como si tuviese un Fórmula 1. La primera parada fue en el bingo. ¡Qué mal rato nos hizo pasar allí! No nos dejaban entrar por la edad, algo de lo más normal, y él insistía en que éramos sus hijas y que sus hijas entraban con él a todas partes, con una actitud chulesca y desafiante. Lo repitió en tres ocasiones, creo recordar, y nosotras tirábamos de su brazo con miedo a que nos diera un guantazo, pero no sabíamos cómo frenar aquello. Al final, después de muchas súplicas, conseguimos que desistiera y nos fuimos a otro sitio.

Nos volvimos a subir al coche y temíamos que nos pudiese llevar a un puticlub o algo peor. Menos mal que nos llevó a un *pub* llamado El Papagayo, que estaba al lado de la gasolinera del Brillante. Allí nos sentamos en una mesa y él se pidió un cubata. Nos preguntó si queríamos algo, pero pensábamos que ese dinero era de mi madre y no íbamos a derrocharlo. Dijimos que no queríamos nada y él, por narices, nos pidió una Fanta de naranja para las dos, que compartimos gustosamente.

Esa noche, cuando llegamos, mi madre ya estaba acostada, me imagino que con un ojo abierto, pero al oírnos llegar tan silenciosos se haría la dormida, pues sabía que estábamos bien y que él venía tranquilo. «Gracias, Señor, por un día menos», pensé.

Mi sitio en el barrio
(Inmaculada)

Con 10 años y por fin en casa, mi madre decidió que siguiese los estudios en el colegio del barrio, La Inmaculada.

Allí estaba con mi hermana Ana y mis hermanos pequeños. Mis hermanas mayores estaban ayudando a mi madre económicamente, porque ya terminaron los estudios y se dedicaban a limpiar casas.

Al principio no me fue muy bien en el colegio, por mi forma de ser tuve muchos problemas. Era una niña extrovertida y sin miedos. Hice muchos amigos y amigas, pero eso no gustó a un grupo de niñas, a las cuales les había quitado un poco de protagonismo.

Hubo una chica gitana que me amenazaba y yo no le hacía caso, hasta que un día me cogieron entre ella y unas primas suyas para darme una paliza. Desde entonces, percibí el miedo y no quería ir al colegio.

Por las mañanas llegaba hasta la puerta del colegio, pero enseguida me daba la vuelta y me iba a mi casa. Estuve así dos semanas, hasta que mi madre lo descubrió un día que salió más tarde de casa. Le conté lo que me pasaba y me acompañó a casa de la niña a hablar con sus padres y al colegio a hacerlo también con los profesores. Desde entonces, dos maestras me acompañaban a casa todos los días durante un tiempo, hasta que la cosa se tranquilizó.

Pasado un tiempo de normalidad, otra niña del barrio me quiso pegar, pero con esta ya no me iba a parar nadie. A la salida del colegio, la enganché de la coleta y el grito de una anciana impidió que la ahogara en un charco. Mi respeto por los mayores hizo que la soltara. Tenía que encontrar un hueco en ese barrio y esa era la única forma de darme poder para sobrevivir. Desde entonces, se acabaron para siempre mis problemas y nunca tuve movidas en el colegio. Primero, porque no quería disgustar a mi madre, que la quería con locura y sabía por lo que estaba pasando, y segundo, por mí misma, por demostrarle a todos que no tenía miedo, que no era una barriobajera y que no buscaba ese estilo.

Lo bueno que me llevo del internado es la educación que nos han dado. Tuvimos ropa, libros y colegio. Nos enseñaron a coser, lavar, planchar, rezar, sentarnos bien en la mesa, saber utilizar los cubiertos, no derrochar, hablar con educación y sin palabrotas, etc.

Les doy gracias por habernos quitado de la calle, que quizá hoy esas cosas no las tendríamos aprendidas y nos hubiésemos educado con otro lenguaje diferente. Pero los buenos sentimientos…, eso no nos lo enseñó nadie, era algo innato, salía de nosotras, nacimos para ser buenas personas.

Os puedo asegurar que mi paso por el internado, durante siete años, fueron los años más duros de mi vida y mis vivencias allí no las puedo comparar con las de mis hermanas, pues cada una lo vivió de diferente forma.

Hacer de hermana mayor en un día infernal (Ángela)

Mi hermana Carmen trabajaba en una casa interna, venía a dormir tres noches en semana. Yo ayudaba a mi madre con la casa y los niños, y mi abuela también trabajaba. Yo era necesaria para que todos trabajasen. Con mi padre nunca pudimos contar porque, o estaba trabajando, o estaba en el bar. Él nunca se quiso hacer cargo de los niños.

Mi madre fue a la casa donde trabajaba Carmen, porque la señora necesitaba una ayuda extra y mi hermana le habló de mi madre para un dinero extra.

Yo me quedé al cargo de mis dos hermanos pequeños. Ellos querían salir a la calle, pero solo tenían 6 y 7 años y yo no los quería dejar salir. Sin embargo, veía que sus amigos estaban en la calle solos y los dejé un ratito mientras que mi madre llegaba, pues ya se aproximaba la hora de la comida y estaría al llegar.

No pasó ni media hora cuando unas niñas mayores llegaron a mi casa con mi hermano, con la mano ensangrentada porque había querido romper una botella de cristal que encontró en el suelo, con tan mala suerte que lo que se rompió fue la parte que sujetaba con la mano.

Yo no sabía cómo reaccionar. Una vecina se ofreció a quedarse con mi hermano David y una muchacha de mi edad, que se llamaba Manoli, vecina del barrio, me acompañó a las urgencias de Avda. América. El viaducto, con mi hermano en brazos y desfallecido, se me hizo más largo que nunca. Menos mal que Manoli, cuando me veía cansada, me ayudaba con el peso. Cuando llegamos, unas niñas con un niño pequeño en brazos y ensangrentado, nos dijeron que no nos atendían, que eso tenían que verlo en el Hospital Reina Sofía. ¡A mí aquello me venía grande! ¿Cómo iba a llegar a Reina Sofía, con lo lejos que estaba, con mi hermano en brazos y desfallecido? ¿Aquello no era Urgencias? Manoli, que era más espabilada que yo, se posicionó en la carretera cortando el tráfico y pidiendo ayuda para que algún coche nos llevara a Reina Sofía. Recuerdo que paró un señor y nos subió. Yo me senté en el asiento de atrás con mi hermano en brazos y vi a dos chicas jóvenes que me preguntaron qué había pasado. Les conté lo que había pasado, pero con mi cabeza puesta en llegar al hospital y ver lo que tenía mi hermano.

Por fin llegamos. El señor del coche nos dejó allí y desapareció. Manoli me preguntó dónde estaba mi madre, que había que avisarla. Yo le dije que estaba con Carmen en la casa donde ella trabajaba y averiguó el teléfono no sé cómo, y llamó. Mi madre apareció allí al poco tiempo, justo cuando el médico salió a decir lo que tenía mi hermano.

«Llegaron a tiempo —dijo—. Su hijo tiene los tendones y venas rotos y se tiene que someter a una operación de urgencia. Eso sí, el dedo pulgar de la mano derecha se le quedará con menos movilidad y poca fuerza».

Todos lloramos ante la noticia y yo no paraba de pedirle perdón a mi madre, pero ella decía: «No te preocupes, hija, todo saldrá bien. No tienes la culpa de lo que ha pasado».

El accidente
(Carmen)

Mi padre aún tenía el tercer grado y dormía en la cárcel. Ya estábamos con edad de salir y mi madre nos lo permitía cuando no estaba mi padre, porque si por él fuese, no saldríamos nunca y, si lo permitiese, sería con burka y bozal. Era muy machista, celoso y dominante.

Un día, en la hamburguesería que había encima de los pasajes de Galerías, conocimos a unos chicos que estaban justo en la mesa de al lado y entablamos una conversación de lo más normal. Eran algo mayores que nosotras, pero no mucho más. Nos preguntaron que dónde íbamos a ir después de estar allí y nosotras, sinceramente, no teníamos intención de pararnos, por lo que les dijimos que volvíamos a casa. Pero ellos insistieron en que nos quedásemos para tomarnos algo en un sitio que ellos conocían cerca de la discoteca Almirat. Nos miramos y les dijimos: «¡Eso está muy lejos para ir, preferimos irnos a casa. Gracias, otro día!». Pero siguieron insistiendo. No sé cómo pasó que terminamos en el coche. Recuerdo que era gris y le llamaban «bocanegra», creo que era por la marca. Nos metimos dos chicos delante y las tres hermanas, con otro chico, detrás. Cuando arrancó el coche, yo empecé a tener miedo, y subiendo el Brillante aún más, pues tomó una velocidad poco corriente en una ciudad. Mi sorpresa fue que el conductor giró a la derecha y comenzó a hacer eses con el coche y a dar volantazos. Le pedimos por favor que parase, que estaba loco, que queríamos bajar, que parase. Ellos se reían y seguían, hasta que… ¡pum!: un choque frontal con otro coche que bajaba nos arruinó la noche.

Llegamos al hospital y me preguntaron los nombres y la dirección donde vivíamos para avisar a mis padres. Les dije que éramos hermanas y vivíamos en la misma casa. La peor parte se la llevó Ana, que se rompió el fémur y sí tuvo que ser intervenida quirúrgicamente. Ángela y yo, por suerte, tuvimos lo que parecía fractura de cráneo, pero que después resultó ser una contusión sin importancia. Después de que se nos quitaran las inflamaciones de la cara y de comprobar que todo estaba bien, nos mandaron para casa a Ángela y a mí. Había pasado una semana. Ana se quedó más tiempo.

Eso no fue lo duro, lo peor fueron los reproches de mi padre hacia mi madre por dejarnos salir con tanta libertad. Y mi madre le decía que fue mala suerte, que las niñas de nuestra edad tenían que salir.

Estábamos todas recién salidas del convento. Las últimas en salir fueron Ana e Inmaculada. Yo tendría en esta época 16 años y aún manteníamos contacto con las monjas, a las que mi madre avisó de inmediato para contarles lo que nos había pasado.

Ellas vinieron a vernos al hospital, sobre todo a mí. Tenían debilidad por mí, porque sabían que podía tener vocación. Le conté a la hermana Ana lo que había pasado delante de mi madre y ella, muy atenta, nos dijo: «Menos mal que tuvisteis el accidente, porque averigua lo que esos muchachos, cristianos renegados, podían haber hecho con vosotras y adónde os hubiesen llevado. Aún sois muy inocentes, no podéis iros con ningún desconocido. Hay gente mala y tenéis que tenerlo en cuenta». Sus palabras me marcaron porque tenía razón: ¿dónde nos llevaban?

Mi madre nos explicó el comentario sobre los «cristianos renegados». Todos los días venían a vernos los muchachos porque la policía nos iba a tomar declaración de cómo habían sucedido las cosas. Ellos nos traían a diario una bolsa con algo de comer o chuches o flores, pero mi madre no los dejó entrar nunca. Sí habló con ellos y fueron ellos mismos quienes, en una conversación, le dijeron que eran musulmanes. Y yo me pregunté: ¿musulmanes españoles? De ahí ese comentario de cristianos renegados.

Por suerte, todo pasó y volvimos todas a casa, y nuestras salidas disminuyeron por miedo a encontrarnos con los musulmanes.

La escapada
(Ángela)

Mi hermana Ana tuvo que ir con muletas después del accidente, pero todas teníamos ganas de que nuestra vida en familia fuese normal.

Mi padre estaba todo el día en casa recriminando a mi madre la situación de mi hermana con las muletas. El accidente era culpa suya, la ruina de la casa era culpa suya, que él actuara de esa forma también era culpa suya, todo era culpa de mi madre. Cuando ella lo único que hacía era trabajar, esconder algo de dinero en una lata dentro de nuestro armario para que mi padre no se lo quitase y se lo gastara en el bar, cuidar de nosotros como podía y mantenerse en pie, lo que no era fácil después de las palizas.

Entre nosotras queríamos arreglar aquella situación y siempre buscábamos alguna solución. Decidimos escaparnos las tres mayores, aunque Ana seguía con muletas, pero la íbamos a cuidar bien, ella quería venirse con nosotras. Inmaculada fue nuestra cómplice.

Mi padre aún seguía con el tercer grado y por más que le insistíamos a mamá para que lo denunciara, ella nos decía que no podía. Pues, si le cortaban la libertad que tenía en ese momento, el día que saliera la mataría.

Una noche estábamos todos acostados y ya teníamos una carta preparada para dejarla sobre las camas, diciéndole a mi padre que hasta que no cambiase y dejara de pegarle a mamá no íbamos a volver. Llamamos a mi hermana Inmaculada para salir por el patio y saltar la tapia que daba a la calle. El trabajo de Inmaculada era cerrar la puerta del patio por dentro de la casa y no decir nada a nadie. A Ana, con la muleta, le costó. Primero salté yo, después echaron la muleta y una bolsa con una muda o dos que llevábamos de recambio, y después saltó Ana. Al otro lado estaba yo para ayudarla a bajar y, por último, saltó Carmen. Era de noche, no muy tarde, pero sí para nosotras. Caminamos hacia el barrio de Valdeolleros, donde teníamos unos amigos para ver si ellos nos podían ayudar. No queríamos recurrir a la familia para que no nos mandasen a casa de vuelta.

Vaya que si nos ayudaron. Había un chico al que le gustaba mi hermana Carmen. Era huérfano y vivía con sus hermanas. La mediana era madre soltera y tenía un niño de 3 años, y la mayor vivía en el piso de arriba, sola. Se casó, pero su marido era camionero y pasaba muchos días fuera. El chico, al enterarse de lo nuestro, habló con sus hermanas y sin problema nos acogieron y se portaron muy bien con nosotras. Nos habilitaron unas camas y nos daban de comer y un baño para nosotras. Jamás me imaginé que un chico tan desagradable y maleducado, que nos caía tan mal, fuese nuestro salvador.

Necesitábamos noticias de mi madre a diario, y cuando veíamos que era la hora de irse mi padre a la cárcel, íbamos a verla para ver qué había pasado. Cuando llamamos a la puerta y nos abrió mi madre, nos abrazó y nos dijo: «Hijas, ¿qué habéis hecho? Tenéis que volver, ¡no me hagáis esto!». A lo que le dijimos: «¡No, mamá! Tenemos que hacerle ver que no estamos contentas con esta vida que nos está dando, que tiene que cambiar». Ella nos preguntó dónde estábamos y nosotras le decíamos que estábamos bien, que no se preocupase.

«¿Qué pasó con la carta, mamá?». Ella dijo que mi padre la leyó y dijo, rompiéndola: «¡Ya volverán!». Nos preguntó qué ponía, ya que mi madre no sabía leer y aunque hubiese querido que se la leyera Inmaculada, como él la rompió, no pudieron hacerlo.

Nos fuimos con todo el dolor en el corazón, pero queríamos hacerle ver que íbamos en serio y tendríamos que seguir desaparecidas.

Unos días más tarde, en otra visita, mi madre nos dijo que nos fuésemos a casa de la abuela, que ya se lo había dicho ella. Mi abuela trabajaba cuidando a una señora mayor y pasaba las noches fuera. Venía por las mañanas, sobre las 12:00, y se iba a las 19:00. Vivía en una casita pequeña dentro de un patio de vecinos en el Campo de la Verdad.

Hablamos con este chico y le dijimos, después de una semana, que nos íbamos con mi abuela a su casa, para no darles tanta carga a sus hermanas. Y así lo hicimos.

La medicación
(Inmaculada)

En una ocasión que mi madre fue a la consulta del médico de cabecera, le contó que mi padre bebía alcohol hasta ponerse malo, que si había algo para impedirlo. El médico, muy amable, le dijo: «Señora, hay unas gotas que se echan en la bebida para estos casos. Si usted las usara con su marido, con una cerveza se pondría tan malo que no creo que quisiera seguir bebiendo». Mi madre vio la solución a muchos de sus problemas y le pidió al doctor que se las recetara. En cuanto llegó a casa las escondió en una teja del patio.

Mi padre nunca estaba en casa por la mañana. O bien porque le había salido una chapuza pintando algo, que eso llevaba a sus paradas en el bar, o bien porque se iba para no estar en casa con nosotros —en el bar estaba mejor en su grupo de los machos borrachos y maltratadores—. Ese día volvió como de costumbre, gritando, amenazando e insultando. Mi madre, amablemente, le ofreció una cerveza con sus gotas correspondientes y se la tomó. No fue dolor lo que le dio, sino sueño. Creo que le contamos más de 4 horas de siesta, ¡bendita siesta!

A nosotras, cuando él no estaba en casa, nos gustaba poner música en un casete que teníamos con dos altavoces, de color azul, chulísimo, pero en cuanto lo oíamos llegar, lo guardábamos. Le molestaba que escuchásemos música y ya, en alguna ocasión, habían volado radiocasetes en mi casa, sin posibilidad de arreglarlos.

Un día que mi madre trabajaba, llegó mi padre de la misma forma que lo solía hacer, borracho. Yo me fui a buscar las gotas que mi madre utilizó aquel día para hacerlo dormir. Vi unas gotas escondidas y pensé que eran esas, apenas aprecié la forma del bote. Me pidió una cerveza y aproveché para echarle un buen chorreón. Se puso malísimo al instante y pensé que se moría. Mi madre no tardó en llegar y le confesé lo que había hecho. Ella sonrió y me dijo: «Hija, le has dado las gotas que yo me tomo para ir al baño. ¿Le has echado mucho?». Yo asentí con la cabeza. Ella no sabía qué hacer y mi padre en el baño cagándose en todo y más. «¿Qué me habéis dado, hijas de puta? —decía—. Os voy a matar cuando salga del baño». Mi madre le decía para tranquilizarlo: «¡Habrás comido algo en la calle que no te ha sentado bien!», pero él nos amenazaba e insultaba desde el baño porque no le daba tiempo a levantarse. Cuando lo hizo, cayó rendido en la cama y se durmió hasta el día siguiente.

Ni en el baño estaba a salvo
(Inmaculada)

Un día, mi madre me mandó a comprar una cerveza de litro a Casa de Sole. Era una tiendecita de barrio donde nos fiaban en ocasiones. Mi madre el día de cobro tapaba deudas, así que no tenía problemas en las tiendas.

Estaba mi padre acostado y mi madre volvió a insistirme: «Inmaculada, ve a comprar eso antes de que tu padre se levante y la líe. Venga, hija». «Espera, mamá, que tengo ganas de hacer caca y voy al baño».

Yo, cantando en el baño mientras estaba sentada y haciendo tonterías en el aire como cualquier niña de 10 años, de repente veo que la puerta se abre y entra mi padre, que me coge por las piernas con las bragas bajadas. Me pone bocabajo y me da un azote de muerte en el culo, golpeándome con la pared en la cabeza. «Niña de mierda —me decía mientras me estaba dando la paliza—. Haz caso y ve donde dice tu madre». Mi madre, llorando, intentaba cogerme diciendo: «Déjala que la vas a matar».

Salí de casa con la ropa mojada de pipí y caca, llorando, y todo para comprarle un litro de cerveza fresquita a un hijo de puta que nos fastidiaba la vida. Recuerdo esa paliza como la peor recibida en mucho tiempo, quizás sea también por la situación, el escenario y otros factores que se unieron a ella.

Al día siguiente era día de cobro para mi madre y siempre que cobraba mi madre iba a comprar al mercado. Ese día la acompañé para ayudarla y recuerdo que todos la saludaban por su nombre. En cada tiendecita le tenían preparada una bolsa de algún producto que no podían vender por su aspecto y al que mi madre siempre le podía sacar algún partido. Ella miraba mucho por una peseta, costaba llegar a final de mes y más en su situación, con un borracho quitándole dinero para sus vicios.

Cuando llegamos a casa, la cerradura estaba algo floja y la puerta no cerraba bien. Decidimos echar la llave por dentro y nos pusimos a ordenar el frigorífico y a colocar la compra. Al rato, mi madre se metió en la cocina para hacer la comida y, de repente, escuchamos un fuerte golpe en la puerta de la calle. Era mi padre, que a la vez que golpeaba fuertemente la puerta gritaba: «Abridme, hijas de puta, que queréis echarme de mi casa. Os voy a matar, cabronas…». El miedo volvía a la casa y enseguida abrió mi madre mandándonos para el dormitorio. Al abrir la puerta, él la empujó contra la pared y la abofeteó tan fuerte que le rompió el labio y le hizo una herida en la cara. Yo no me pude quedar en el cuarto. Salí y lo empujé tirándolo sobre una mesa de mármol que había en el salón. Debió hacerse daño, pero la embriaguez no lo dejaba mantenerse en pie. Se volvió a marchar a la calle.

Mi hermana Carmen llegaba de sus clases de mecanografía y encontró a mi madre sentada con la cara herida y llorando. Le dijo que esto no podía seguir así y cogió a mi madre para llevarla a la comisaría.

Cuando llegaron a la comisaría, mi hermana le contó lo que había pasado —yo se lo conté— y el policía formuló la denuncia diciéndole a mi madre: «Lo siento, señora, tiene que volver a su casa. Esto no se considera delito y no podemos hacer nada. Formule usted la denuncia y se queda ahí hasta que el juez dicte sentencia. Un delito sería un navajazo o un tiro». Mi hermana se vino indignada por la respuesta del policía, pero era cierto, el maltrato no estaba penado y no podían hacer nada; mi madre tuvo que volver a casa.

Todos los vecinos sabían lo que estaba pasando, pero nadie se metía en nada por miedo. Pero aunque no se metían, cuando él no estaba, todos la apoyaban a ella y le ayudaban en lo que podían.

Siempre buscábamos nuestros momentos de risas y canto. Tanto a mi madre como a mí nos gustaba mucho cantar y ella lo hacía como los ángeles, pero lo importante es que las risas no nos faltaban en el día a día. Era necesario para seguir viviendo.

Juez de guardia
(Carmen)

Fue por el año 1989-1990, no lo recuerdo con claridad. Quizá la falta de atención por parte de las leyes que había en ese momento hacía que estuviésemos desprotegidas.

Fue en primavera, sí recuerdo que no hacía ni frío ni calor, pues la ropa era ligera. Cuando es invierno el peso de la ropa hace que ese día sea incómodo y lo hubiese recordado con claridad, y al contrario también, si hubiese hecho mucho calor, también hubiese recordado un día aún más incómodo de lo que fue.

Mi padre había pegado a mi madre en el parque de Colón. Era un día normal, ella estaba por allí porque por esa zona era donde ella solía trabajar en la casa de alguna señora o la habían llamado para darle alguna cosa, algo que era muy habitual, porque ella siempre recogía las cosas que le daban y ya no para nosotras, que estábamos todas trabajando y no nos hacía falta, sino que siempre conocía a alguien a quien le venía bien y se acordaba de todo el mundo. En eso no le ganaba nadie, servicial como nadie y atenta con todos.

Iba sola, yo había quedado con ella para ayudarla con unas bolsas que traía. Cuando la vi aparecer no me lo podía creer:

despeinada, con las bolsas rotas y las cosas en la mano y con arañazos en la cara. «¡Pero, mamá! ¿Qué te ha pasado?». Ella me dijo: «Tu padre». Dejamos las cosas en una tienda de reparación de calzado donde mi madre tenía confianza y preguntó al dueño si podía guardárselo, que lo recogería más tarde, y el señor, muy amable, nos dijo que sí. Nos fuimos inmediatamente para la comisaría a poner la denuncia, otra de las muchas que solía poner mi madre. Y otra vez la misma frase: «Señora, lo siento, no podemos hacer nada. Tiene usted que volver a su casa». «¡Pero hasta cuándo voy a estar así! —decía mi madre—, ¿hasta que me mate?». El policía asentía con la cabeza y decía: «Por desgracia, solo podemos darle un susto y dejarlo dormir un día en el calabozo, pero nada más. Y pienso que eso lo pondría peor. Sin sangre o sin arma no hay delito». Y volvíamos a casa de nuevo con la denuncia en la mano.

Cuando llegamos a casa, le dije muy seria: «Mamá, esto no puede quedar así, tenemos que ir a hablar con alguien que nos escuche». Solo pudo asentir con la cabeza antes de caer rendida en la cama.

Al día siguiente, en cuanto me levanté, me acordé de que, en una denuncia de las que pusimos, nos dijo un policía que hablásemos con el juez de guardia para que tuviese constancia de ello, porque desde la comisaría solo podían registrar la denuncia, pero poco más. Se lo dije a mi madre y en esta ocasión también nos acompañó mi hermana Ángela. Una vez en el juzgado, preguntamos por el juez de guardia y nos sorprendió: sí que tenía trabajo, no paraba de salir gente de su despacho. Nos atendió una letrada de las tres que había en un despacho antes de llegar al del juez y nos dijo que teníamos que esperar si queríamos hablar con él, pues estaba muy ocupado y quizás no pudiese atendernos si le surgía algo en la calle. Efectivamente, todo eso pasó, pues al mediodía salió, y nos dijeron que no sabían a qué hora iba a volver. Yo le dije a mi madre que no me movería de allí hasta hablar con el juez. El juzgado no cerró en todo el día y creo que nos quedamos solas en ese pasillo tan largo que había desde la puerta de la calle hasta el despacho del juez, solas las tres, sin comer ni beber, sin querernos mover por no dejar pasar ese minuto en el que pudiese pasar el juez, fuese a la hora que fuese.

Y llegó y seguíamos allí. Llegó acompañado con una letrada y nos miró sin decir nada, pero seguro que le dijo a la letrada algo porque salió e, impresionada, nos dijo: «¿Todavía aquí?». Asentimos y le dijimos: «Y si hace falta hacer noche, también la hacemos, pero no podemos dejarlo más». Nos pidieron que pasásemos y volvimos a respirar al escuchar esas palabras. Ya una vez en presencia del juez, le presentamos la carpeta que tenía mi madre con más de cien denuncias. Al contarle al juez la historia, se quedó algo impresionado, pues él mismo nos decía que no se podía creer que con tantas denuncias no hubiesen hecho algo ya; encima, el sujeto con antecedentes. Y no había mejora en la conducta y había que tratar esas agresiones continuas que estaba recibiendo mi madre. Al escuchar eso se me saltaron las lágrimas, por fin encontrábamos un juez que veía las cosas de otra forma. «Lo estudiaré», nos dijo. Desconfiaba, porque eso lo había escuchado antes, aunque la verdad es que al oírlo de la boca de un juez sonó de otra manera; sabía que pronto se iba a solucionar lo nuestro y que nuestra insistencia iba a dar fruto, porque no podíamos dejar que él tratase a mamá así. No, sinceramente no estaba dispuesta.

Accidente de Carmen
(Esperanza)

Llegó mi momento de ser mamá. En el año 1987 di a luz a una niña preciosa y le puse de nombre Margarita. Estaba encantada con mi niña. Era la cosa más querida y grande que me había pasado nunca. Creo que hasta que no eres madre no comprendes lo que representa un hijo. El miedo y el dolor que sientes pensando en que algo malo le pueda pasar. Aunque siempre había comprendido a Carmen, después de esta experiencia empaticé con ella todavía más.

Carmen se desvivía con mi hija y la cuidaba como si fuese suya. La paseaba, jugaba con ella aparentando ser una niña más. Era pasión con Margarita, y eso se lo agradeceré toda la vida. Mi confianza en ella era plena y sabía que con Carmen estaría a salvo.

Cuando Margarita comenzó a andar, Carmen no la perdía de vista. La pequeña la imitaba con la fregona y la escoba.

Un día, Carmen llegó a casa con una fregona y un cubito pequeñitos que le había comprado a Margarita. Ponía a la niña en mitad del salón y llenaba con un poco de agua su minúsculo cubo. Marga se lo pasaba en grande y Carmen se moría de risa y disfrutaba de verla tan feliz. Yo me ponía algo nerviosa al ver que lo que estaba limpio, ahora estaba todo mojado y con churretes, pero a Carmen parecía que eso no le importaba. Ella quería ver a Margarita sonreír y el estropicio ya se recogería, me decía.

Un día, Carmen me comentó que salía a comprar unas medicinas que le había recetado el médico. Quería llevarse a Margarita, pero como estaba dormida fue sola finalmente.

Muchas veces pienso que el destino y las decisiones que tomamos sin ser conscientes de ellas están unidos, pues Carmen no volvió de esa gestión. Si se hubiese ido con Margarita, quizás tampoco hubiese vuelto ella.

Prefiero no seguir pensando, pues no quiero imaginar cosas que, por suerte, no pasaron. Pero Carmen sí que tuvo mala suerte. Cruzando un paso de peatones, la atropelló un coche, dejándola extremadamente grave.

Creo que ella no quería morir y no despedirse de sus hijas, y esta convicción y su fortaleza le permitieron que no entrara en ese túnel de la muerte que ella vio sin duda. La noticia me partió el corazón, pero pude ver cómo logró recuperarse.

Después del accidente tuvo que jubilarse.

Como una más de la familia, me acostumbré tanto a su presencia, que cuando no venía a casa era como si me faltara algo. Por desgracia, tuve que habituarme a estar sin ella.

Para Carmen la vida no fue nada fácil. Yo, que conocí toda su trayectoria, considero que su vigor y entereza fueron sus armas para no rendirse, para luchar.

Gracias a ella, y a mujeres como ella que tuvieron la valentía de denunciar los malos tratos, hoy poseemos leyes que protegen a estas mujeres. Aunque Carmen no pudo estar amparada legalmente en ese momento, murió orgullosa con su lucha.

Esta era CARMEN.

Aún hoy, pienso que la gran obra de Carmen son sus hijos y en cómo, en esos momentos tan difíciles, ellos optaron por el buen camino y supieron absorber todas las cualidades que su madre, la señora Concepción y toda su familia, les habían inculcado.

Cada Navidad me felicitan y cada Navidad me emociono; al igual que ahora al escribir estas palabras.

Mis mejores deseos para Carmen y para todos ellos.

La peor noticia
(Inmaculada)

Estaba en clase, cuando un maestro entró y me llamó por mi nombre. En ese momento me asombré, levanté la mano y el profesor continuó: «Inmaculada, tu madre acaba de tener un accidente y está muy grave en el hospital. Te tienes que quedar aquí hasta que pueda venir alguien a recogerte». Esa noticia me impactó. ¡No podía ser! Aterrada, pensé: «Mi madre…, ¿qué voy a hacer yo ahora sin ella?». No paré de llorar, fue la hora más larga de mi vida hasta que vino mi padre a recogerme.

«Venga, nos vamos al hospital». Me subió a la Vespa casi en contra de mi voluntad, pues no quería ir con él a ningún sitio. Cuando llegamos al hospital, mi padre preguntó en Urgencias por la señora atropellada. Le preguntaron quién era y él le dijo que era su marido. Estaba claro que yo no podía entrar en Urgencias para ver a mi madre, pero las personas de la puerta me miraron y creo que cerraron los ojos por no dejarme fuera sola y tener que encargarse de mí. Mi madre estaba tapada con una sábana como si estuviese muerta; los médicos y enfermeras estaban atendiéndola. De repente veo que mueve una mano y los médicos también lo ven, enseguida nos echaron de allí y comenzaron a reanimarla, supongo. «Gracias, Señor», le decía al cielo y, llorando como una condenada en la sala de espera, estaba ansiosa por escuchar mi nombre de nuevo para oír a los médicos decir que mi madre estaba viva, que estaba bien, que quería que la abrazara, que quería verme… En ese momento hubiese dado cualquier cosa por estar a su lado.

Al día siguiente, estaba deseosa de ver a mi madre, pero mi padre se fue de casa temprano y nos encerró con llave a mis hermanos y a mí. Llegó la hora de almorzar y mis hermanos solo decían que tenían hambre. No había nada en el frigorífico, mi padre no se preocupaba de nosotros, mi madre era la única que cuidaba porque hubiese algo de comer a diario. Al no estar ella, nuestra situación era lamentable, pero yo tenía que darle de comer a mis hermanos como fuera.

Había un pollo entero en el frigorífico; quizás mi madre lo había comprado el día de antes para hacer algo de comer para varios días. Yo no estaba capacitada para eso con 11 años y se me ocurrió llenar una olla de agua y meter el pollo. Encendí el fuego y cuando ya había hervido lo suficiente como para quedar un poco blanco, lo saqué de la olla y esa fue nuestra comida aquel día, pollo hervido. Para nosotros fue exquisito, no nos quedaba otra.

El atropello
(Ángela)

Estaba con mi hermana Ana en casa de la abuela. Carmen se había ido hacía una semana al convento, y nos quedamos las dos allí; no podíamos volver a casa porque teníamos miedo.

Vino la policía y nos asustamos. La casa de mi abuela era una casa de vecinos en el Campo de la Verdad y la nuestra era la del final, por lo que cuando llamaban, éramos las últimas en enterarnos. Nuestra sorpresa fue cuando preguntaron por la abuela. Ella no estaba, estábamos las dos solas y, asustadas, preguntamos que si pasaba algo. Le dijimos a la policía que éramos sus nietas y que su hijo y nuera vivían allí también, que estábamos en familia. El policía, muy amable, nos contó lo que le había pasado a nuestra madre y esperamos que llegase la abuela para irnos al hospital enseguida. Me envolvió un sentimiento de culpabilidad terrible por haberla dejado sola, fue un impacto que me costó superar.

El policía nos anunció que estaba muy grave y posiblemente no lo superase, pero nuestra sorpresa fue que, cuando llegamos, aún estaba con vida, gracias a Dios. Al acercarme para besarla, me dijo al oído que nos fuéramos a cuidar de mis hermanos y que llamásemos a mi hermana Carmen. Me hizo responsable de mis hermanos y no podía fallarle, también teníamos que hacer volver a mi hermana Carmen.

«Ana, llama a las monjas y le das la noticia a Carmen —le dije—. Tiene que venirse enseguida para irnos a cuidar a los hermanos».

Ana, después de llamar a Carmen, me dijo: «Angelita, búscame dinero para el billete del tren que me voy a buscarla. No me dejan hablar con ella y dudo que le cuenten todo lo que yo les he dicho». Yo le pedí los dineros a la abuela y, hasta que no volvió mi hermana Carmen al día siguiente, no me moví del hospital. Ella era la que tenía que guiarnos para ver lo que íbamos a hacer y cómo.

Ese día que pasé con mi madre, le pregunté qué había pasado. Después de contarme lo que había ocurrido, muy despacito por su estado, ya que se ahogaba y no podía hablar, me confesó: «Angelita, vi una luz en un túnel muy oscuro y de repente pensé que me estaba muriendo. Yo pensaba que no podía morirme, que no podía dejar a mis hijos en manos de un delincuente, y de repente empecé a escuchar a gente a mi alrededor. Estuve cerca de la muerte, por no decirte muerta». Yo me quedé sin palabras, solo daba gracias al Señor por habérmela devuelto. ¿Qué íbamos a hacer sin ella?

El despertar
(Carmen)

Seguíamos las tres en casa de la abuela y como mi padre seguía igual, la cosa se ponía cada vez peor.

Quiero puntualizar que él no entró a la cárcel por malos tratos, pues antes eso no estaba penado y se le podía pegar a la mujer sin ningún problema. En una ocasión, después de una gran paliza, mi madre huyó a casa de mi abuela y él la persiguió con una hoz y un cuchillo para matarla, esta vez decidido a acabar con ella. Mi tío Rafa, que vivía en la casa de enfrente, quería salir a darle un porrazo, pero mi tía Antoñi no se lo permitió y llamó a la policía. Cuando llegó la policía, lo arrestaron en la puerta y llamaron a mi madre para decirle que saliese. Al salir, le dijo el policía que se lo llevaban porque estaba en busca y captura por un delito de robo con violencia (averigua dónde no estaba metido: drogas, putas, robos con violencia, alcohol, maltrato…). ¿Quién era ese hombre? ¿Cómo pudimos vivir tanto tiempo con alguien así? La condena fue de cuatro años y dos meses, la cual, por buen comportamiento, se quedó en dos años y un mes, y los últimos meses en tercer grado. Es decir, en casita durante el día.

Después de haber aclarado este punto, continúo con la historia.

La situación en casa no cambiaba, mi padre seguía maltratando a mi madre y no sabíamos cómo solucionar el problema. Denuncia tras denuncia, en comisaría día sí y día no, llegó a acumular trescientas denuncias, pero se archivaban sin solución. ¡No había delito de sangre!

Yo necesitaba desconectar, huir de esa situación. Sé que era una decisión egoísta por mi parte, pero era eso o cometer una locura. Llamé a las monjas, quería volver al convento y me dijeron que tenía las puertas abiertas. Con 17 años me fui con ellas, era donde quería estar en ese momento y ellas me acogieron de nuevo. Necesitaba poner mi mente en blanco y comenzar de nuevo.

Después de una semana en el convento, preparándome espiritualmente y tan cerca de Dios, recibo una llamada de mi hermana Ana, que no me pasaron personalmente. La atendieron ellas y luego me explicaron que mi madre había tenido un accidente y que estaba bien, que no me preocupase, que el Señor la iba a ayudar en este momento tan difícil y que la decisión que yo había tomado era la correcta. Yo estaba tranquila porque así me lo hicieron ver, pero por dentro quería que me lo contara mi hermana. Cuál fue mi sorpresa que mi hermana Ana se presentó allí en el convento. Las monjas no la querían dejar entrar a verme, pero escuché su voz llamándome que retumbaba por todo el convento y fui corriendo en su busca. No esperaba que viniese a verme y aún menos su mensaje. Me dijo que me tenía que ir a casa con ella, que lo que estaba pasando era muy grave y las monjas decían que no le hiciera caso al demonio, que estaba poniendo las cosas difíciles y agrandando la situación para preocuparme. Al principio, no supe cómo reaccionar, me quedé paralizada por la duda y la impresión, pero al momento pensé: «¿Demonio? No, a mi hermana no le podían tratar de demonio con todo lo que llevamos pasado». Hice mi maleta y me fui con ella sin dar explicaciones.

Cuando llegamos a Córdoba, lo primero que quería era ver a mi madre y nos fuimos directamente con la maleta para el hospital Reina Sofía. Vi a mi madre muy mal, no sabíamos si iba a salir de esta. Nos dijeron que iban a probar con unos aparatos que iban taladrados a la cabeza para poderla sujetar, pues del impacto del coche tenía todas las vértebras desplazadas y quizás se quedase parapléjica, por lo que iban a probar ese método. Mi hermana Ana me decía que fue a buscarme porque teníamos que ayudarnos todas y asentí con la cabeza. Sí, Ana, gracias por venir en mi busca, gracias.

Antes del accidente, mi madre había empezado con los trámites de la separación, pero mi padre nunca se fue de la casa. En esa época te separabas, pero si él no tenía otra vivienda, tenía derecho a quedarse en su casa, ¡ya os apañabais! Así funcionaban las leyes. Convivir con tu enemigo, después de saber él que tú habías presentado la denuncia para la separación.

Mi madre salía de casa asustada. Ese mismo día más, porque sabía a ciencia cierta que él la seguía al trabajo y pensaba que la iba a matar antes de que pudiera llegar. Esta preocupación, esta tensión fue la que hizo que al cruzar el paso de peatones no viese el coche que la atropelló.

Gracias a mi hermana Ana estuve presente en los momentos más difíciles para mi madre y con mi familia para ayudar en lo que hiciera falta; ellos me necesitaban y yo los necesitaba a ellos.

Una decisión difícil
(Ángela)

Cuando llegó mi hermana Carmen a Córdoba, decidió reunirnos a todos. Yo le había dicho que mamá quería que cuidásemos de los pequeños. Ella tomó las riendas de la situación enseguida, decidiendo qué era lo mejor. Organizó el cuidado de mamá, para que ayudásemos a la abuela que pasaba el día entero en el hospital, y fuimos a casa de la abuela a ver qué nos llevábamos. No todo, pues pensábamos que la situación iba a ser temporal. Mi madre había despertado y pensamos que pronto estaría en casa. A los tres días lo teníamos todo organizado más o menos, cogimos nuestras cosas y nos fuimos camino a casa, con tanto miedo como necesidad.

Mi padre no se tomó muy bien que volviésemos, pero era la voluntad de mi madre y lo hicimos. Llegamos y al entrar con las llaves de mamá, parecía que acababan de llegar de la compra, estaban colocando cosas en el frigorífico. «Hola —dijimos—, venimos a quedarnos». Por respuesta obtuvimos tan solo un «muy bien». Mi hermana Carmen decidió que íbamos a dormir en la habitación de mi madre, ya que era la más grande. Un simple «haced lo que queráis» fue la respuesta de mi padre.

Nos metimos en la habitación y decidimos colocar nuestras cosas allí. En la cómoda pusimos un bote de laca, un secador, una bolsa de aseo con algo de maquillaje y poco más. En la cama de matrimonio dormíamos las tres mayores. Nunca antes me había hecho nada mi padre, pero temía que nos lo pudiese hacer. Yo ya dejé mi medicamento de la epilepsia porque en el desarrollo, como por arte de magia, me estabilicé. El médico se lo dijo a mi madre: «En el desarrollo, o empeora, o se cura», y por suerte me curé.

Pasó la primera noche y fue tranquila, sin ningún acontecimiento desagradable, todo lo contrario. Mi padre, cuando quería y tenía ganas de meterse en la cocina en un estado sobrio, hacía un buen arroz. Era lo único que sabía hacer, pero le salía rico, también hay que decirlo. Ese día nos hizo uno, pero eso de fregar no iba con él, por lo que después de comer recogimos las mayores. La tarde de visita en el hospital se desarrolló con normalidad y la noche también fue normal. Ese día decidió no salir.

Al día siguiente la cosa empezó a ponerse calentita. Se fue por la mañana, dejándonos solas, y ya pensamos que nos teníamos que preparar para algo gordo. Llevábamos tiempo sin situaciones de ese tipo porque ya habíamos pasado unos meses con la abuela y nos ahorrábamos vivir situaciones desagradables.

Llegó la hora de comer y comimos lo que buenamente preparamos las mayores; no recuerdo muy bien lo que hicimos, pero seguro que nos supo a gloria. Después de comer, Ana recogía la cocina conmigo, mientras que Carmen cuidaba de los más pequeños.

Llegó mi padre y, sin decir nada, se dirigió a la habitación de mi madre y comenzó a lanzar al pasillo todas las cosas que teníamos sobre la cómoda, de una en una, acompañadas de: «Nenas de mierda, van a venir aquí a echarme de mi cuarto. Iros a la mierda, esta es mi casa y aquí mando yo», y cada vez lanzaba las cosas con más fuerza. A mi hermana Ana le pilló con la sartén en la mano porque la estaba fregando. Mi hermana Carmen lo sacó del dormitorio como pudo y le dio una patada en el costado. Mi padre le dio un guantazo y mi hermana se puso muy furiosa pegándole y empujándolo. Yo, sin zapatos, tiré de mi hermana Carmen y Ana, sin valor de darle con la sartén, la soltó y salió conmigo a sujetar a Carmen por miedo a que le diese un golpe y la matara. Tiramos de ella hasta conseguir sacarla a la calle, donde llorando decía: «Esto se nos escapa, vámonos a la comisaría». Yo señalaba mis pies descalzos, con lágrimas en los ojos y decidimos buscar un teléfono para llamar a la policía.

Llegamos al final de la calle, donde había un lavadero de coches, y allí pedimos permiso para llamar a comisaría. Ya nos conocían, por lo que nos ofrecieron el teléfono y llamamos pidiendo que viniesen a buscarnos. Nos recogieron en el lavadero y nos acompañaron a casa para hablar con mi padre. Cuando llegamos no estaba, había vuelto a cerrar a los pequeños con llave y se fue al bar. Inmaculada se asomó por la ventana y le dijo al policía que no podía abrir, que mi padre le había echado la llave y se había ido. El policía nos preguntó si queríamos denunciar, a lo que le dijimos que sí. Inmaculada me echó unos zapatos por la ventana y el bolso de mi hermana Carmen. Nos fuimos a la comisaría.

Ya en la comisaría, el policía nos empezó a preguntar y nosotras comenzamos la historia desde el principio. Mi hermana Carmen se desahogó a base de bien. Ella había acompañado a mi madre varias veces a la comisaría para denunciar a mi padre, era la que más veces había ido a la cárcel con mi madre y había visto situaciones que quizás a nosotras se nos escapaban. El policía dejó de escribir porque no podía creerse la historia que le estábamos contando.

Estábamos tan a salvo en la comisaría que, cuando nos dijo el policía de llevarnos a casa, sinceramente, preferíamos dormir en el suelo de comisaría antes de ir al infierno, pero llegó la hora. La policía llamó a la puerta y abrió mi padre. «¡Qué! —dijo en tono desafiante—, ¡ya estáis aquí!». El policía le dijo: «El padre de las niñas, ¿no?». Mi padre contestó afirmativamente, a lo que le respondió el policía: «Bueno, aquí están sus hijas y le aviso: no le toque ni el aliento a estas niñas, ¿me ha oído usted?». Él asintió con la cabeza y una sonrisa irónica. Entramos y esa noche la pasamos un poco en vela, pero tranquilas.

Visitas al hospital
(Manoli)

El atropello de Carmen para mi familia fue un duro golpe, pues queríamos a Carmen como si fuese de la familia, y nos dolió muchísimo.

Una tarde después de trabajar, cogí el autobús y me fui a verla, para al menos saber cómo estaba, aunque por sus hijas me enteraba de cosillas. Pero era mi amiga y quería verla. Ese accidente al principio la hundió, lloraba a más no poder, no podía estar ahí, sus hijas la necesitaban y yo le decía: «Tranquila, Carmen, tus hijas están bien. Ellas vienen a verme y me cuentan cosas. Tú no te preocupes por ellas que tu madre también está con ellas cuidándolas. Verás como todo sale bien».

Me llamó mucho la atención que en el cabecero de la cama tenía estampas de Cristo y la Virgen boca abajo. Le pregunté: «Carmen, ¿te has dado cuenta de que las estampas están boca abajo?». A lo que me contestó: «Sí, le he dicho a mi hija que las ponga así, que es como yo me encuentro ahora, y cuando me pueda levantar ya les daré yo la vuelta». Las dos nos reímos, el humor no le faltaba, aunque tenía momentos de derrumbe, pero era lo normal. ¿Quién no los tendría en su situación?

Mis visitas comenzaron a ser una o dos a la semana, y me sorprendió que a las dos semanas de su ingreso me encontré con un policía custodiando la puerta. La verdad es que yo me asusté y pregunté: «¿Puedo pasar?». El policía asintió con la cabeza. Al entrar, estaba Carmen con su madre y le pregunté si había pasado algo. La abuela me dijo: «El hijo de puta de mi yerno, que llegó el otro día y delante de las niñas le tiró de las pesas de la cabeza. Por poco la mata, tuvieron que llamar a Seguridad y desde el hospital han dado parte a la comisaría, y han mandado a un policía».

Todo esto pasaba estando ya separados. No me podía creer cómo podían existir personas con tanta maldad. Carmen estaba indefensa, colgada con unas pesas que colgaban de su cabeza atornilladas a unos hierros hasta la cintura, intentando colocar sus vertebras. Y hay una persona a la que le ha dado su vida, su juventud, sus hijos, y que esa misma persona sea capaz de hacer esas cosas… No podía entenderlo, no tenía ni capacidad para imaginarlo. Pobre amiga, cómo quería a esa mujer y cómo sufría al verla así tan indefensa y a la vez con tantas ganas de vivir.

Tutelar de Menores
(Inmaculada)

Mi padre nos tuvo quince días encerrados, ni tan siquiera nos llevaba a ver a mi madre, y sobreviviendo solos como podíamos. Mi padre salía por la mañana echando la llave y nos dejaba allí hasta que llegaba, nunca a la misma hora.

Mis hermanos y yo jugábamos a lo que podíamos. Recuerdo que yo, como me gustaba cantar y bailar, buscaba canciones para cantar con mis hermanos. Una que nos gustaba mucho cantar era la de Pimpinela, *Hace dos años y un día*. Nos la llegamos a aprender de memoria haciendo las voces del hombre y la mujer, en fin, cosas de niños. Y así pasábamos los días más divertidos.

Un día llamaron a la puerta y me asomé por la ventana a ver quién era. Vi a dos personas que no conocía y les dije que no estaba mi padre y que no podíamos abrir la puerta. Ellos me preguntaron por la hora a la que llegaba mi papá y yo le dije: «¡Ya mismo!». «Muy bien, chiquita, luego venimos». Y se marcharon.

Mi padre volvió a la hora de comer, más bien temprano. Parecía que preveía que lo buscaban. A los pocos minutos llegaron esas dos personas que yo no conocía y habían estado en casa antes. Se presentaron diciendo que era para averiguar algo sobre la tutela de los niños o algo así entendí. Mi padre estaba poniendo cara de enfadado, porque no tenía constancia de que él hubiese solicitado ningún tipo de ayuda para cuidado de sus hijos. Enseguida pensé: «¡Esa ha sido mi hermana Carmen la que ha mandado que nos busquen!». Le dijeron a mi padre que preparase una bolsa para cada uno con nuestras cosas, dos o tres mudas, las que fuesen necesarias y nuestras cosas personales. Mi padre decía: «¿Pero ya?». Esas personas asintieron con la cabeza. Me imagino que después de haberse dado cuenta, la primera vez que vinieron, de que estábamos solos y encerrados, tomaron la decisión sin esperar más.

Nos llevaron a un colegio que se llamaba San Rafael, en dirección a Villarrubia. Aquello era tan grande que nos asustó y yo, en mi caso, me vi otra vez en un internado. Llorábamos sin parar, aunque las personas que nos atendieron fueron muy amables y nos explicaron que mientras mi madre estuviese en el hospital tendríamos que estar internados. También nos dijeron que mis hermanas estaban en otro colegio de monjas. A mí me llevaron a la parte de las niñas, mientras que a mis hermanos los dejaron juntos en el lado de los chicos. Sola de nuevo, el pánico y la desolación me podían. Yo quería estar con mis hermanos o con mis hermanas. ¿Por qué no me llevaron con ellas?

Peor no lo podía pasar y las monitoras conmigo imagino que tampoco, pues no comía, no hacía la cama, no me duchaba, no jugaba y no quería hacer nada, solo irme con mis hermanas o hermanos. Después de unos días, quizás unas semanas, las monitoras dieron parte a la psicóloga. Ella vino a verme y me dijo que lo estudiarían. Yo la vi marchar con una hoja que había rellenado de cosas que yo le conté.

Al día siguiente, la noticia me dio hasta hambre: me iba con mis hermanas. El informe que redactó la psicóloga decía que sería lo mejor para mí, porque siempre estábamos juntas y no se podía separar a una sola. Aunque por mi edad no podía entrar en el convento donde estaban mis hermanas, lo consiguieron.

Con mis hermanos era más complicado meter a una chica en un ala solo de chicos.

Con mis hermanas me sentía como en casa. Fue una experiencia diferente la vivencia con las filipenses. Eran monjas comprensivas, modernas, cariñosas, etc. Estaba encantada de estar allí.

Yo salía por las mañanas a un colegio que había cerca y allí hice muchas amigas, las cuales hoy día conservo. Fueron unos meses fantásticos, me atrevo a decir que estuvieron llenos de aventuras. Y aunque mi madre estuvo casi un año entrando y saliendo del hospital, sabía que estaba bien, pues las monjas me llevaban a verla y mis hermanas la cuidaban y me cuidaban, que era lo más importante en mi vida, estar con ella.

Menores
(Carmen)

Con mi padre no pudimos seguir porque la situación, después de denunciarlo, se puso muy tensa. Cuando se lo contamos a mi abuela nos dijo que volviésemos a su casa, que seguro que a los pequeños no tendría cojones de hacerles daño. Tomamos la decisión de irnos y así se lo dijimos: «Mañana recogemos nuestras cosas y nos vamos». Mis hermanas no daban un paso sin que yo lo diese y, si lo hacían, siempre respaldadas por mí.

Por la mañana nos fuimos al hospital a ver a mamá con la intención de, cuando volviésemos, comer y recoger nuestras cosas para marcharnos. Cuál fue nuestra sorpresa cuando, al cruzar una rotonda donde estaban los contenedores, me dio la sensación de ver ropa mía tirada a la basura. No le di más importancia y pensé que sería parecida a la mía. Cuando llegamos a casa, mis hermanos estaban de nuevo solos e Inmaculada, llorando al oírnos, dijo: «Papá ha entrado en vuestro dormitorio y os lo ha tirado todo a la basura. Ha dicho que os ibais antes de lo esperado». Le aconsejé que no le dijese que estuvimos allí y que pronto iba a acabar esta pesadilla. Cogimos algunas cosas que teníamos en los cajones y nos fuimos.

No podíamos volver a casa para no perjudicar a mis hermanos, pues no queríamos hacerlos cómplices de nuestras cosas por temor a que les pudiese hacer algo. No sé si estuvimos de quince a veinte días sin saber nada de ellos, y fueron momentos duros en la situación en la que estábamos.

Llamé a quien siempre llamo cuando estoy en apuros, a las monjas. Ellas me dijeron que nos veríamos en el hospital por la mañana y hablaríamos, y así lo hicimos. Después de haberles contado la situación, me dijeron que fuese a pedir ayuda al Tutelar de Menores, que estaba en la calle Sevilla, y a ver qué podían hacer con los más pequeños, por lo menos.

Al día siguiente, hice caso a las recomendaciones de las monjas y con la abuela me presenté en la calle Sevilla buscando una asistente social. Quería contarle lo que nos estaba pasando para investigar posibles soluciones. Nos atendió una tal Gloria, que era una estirada repelente, su actitud hacia lo que yo le contaba era de indiferencia. Pensaría que le estaba contando un cuento o algo así, pero después de escucharme se dirigió a mi abuela y le dijo: «Señora, usted no está para hacerse cargo de nadie porque ya tiene bastante con el cuidado de su hija en el hospital, así que vamos a buscar colegio para los seis». Yo, indignada, le dije que a mí no me hacía falta ir al colegio, que mi intención era cuidar de mi madre y de mis hermanas. Ella me dijo que era menor y no estaba capacitada para decidir nada en esos momentos. No me sentó muy bien la respuesta porque no me parecía la más apropiada para la situación que estaba pasando, en la que mi sensibilidad estaba a flor de piel. Quizás no estuviese capacitada para cuidar de todos mis hermanos, pero sí lo estaba para cuidar de mi madre, de mí y de quien se pusiera por delante.

Tardamos unos días en entrar al convento, pero en busca de mis hermanos pequeños fueron enseguida y los ingresaron en el colegio. No nos dejaban verlos, no sé por qué. Teníamos que ir con papá o mamá, pero la situación era complicada y no se podía ir ni con uno ni con otro; finalmente, autorizaron a la abuela. Con ella sí pudimos ir a verlos en alguna ocasión. Tenía que pensar, tenía que hacer algo para que mis hermanos no estuviesen mucho tiempo allí. El ambiente no me gustó, esos niños eran muy conflictivos y no quería que mis hermanos se criasen en ese ambiente.

Cuando entramos en el convento nos trataron muy bien. Mis hermanas se matricularon en un FP1: Ángela en la rama sanitaria y Ana en Delineación. Yo trabajaba como profesora de mecanografía en una academia, no porque lo fuese, sino porque el profesor que me dio clases sabía mi historia y le dio tanta pena que me contrató para que diese clases en su academia de mecanografía y así poder salir del convento y llevar un dinero a casa para lo que pudiese hacer falta. Me vino muy bien esa ayuda y le estaré eternamente agradecida. Cuidó mucho de nosotras, tanto que llegaron a decir que era como un padrino que había puesto el Señor en mi camino para que me ayudase.

Salía a trabajar, a cuidar de mi madre y, en algunas ocasiones, a dar una vuelta a casa de la abuela, después de terminar por las mañanas las tareas de la casa hogar que se me adjudicaban. Las monjas siempre me decían que hiciera las labores del comedor; no me hacía mucha gracia porque cuando todas terminaban de comer me tocaba a mí quedarme a fregar, pero, según ellas, era la mejor. Lo hacían porque cuando entraban olía a limpio desde que yo estaba allí. Bueno, al menos me motivaba la idea de que me reconocieran mi limpieza de comedor y es cierto que las demás hacían las cosas aprisa y corriendo, cuando yo le dedicaba su tiempo.

A los pocos meses, ya nos dejaban a Ángela y a mí pasar el fin de semana en casa de la abuela, agradecidas porque toda la ayuda era poca y teníamos que ver dónde íbamos a vivir cuando mi madre saliese. Porque una cosa sí que tenía clara: con mi padre no la iba a dejar que volviese. Y así fue.

Cuando mamá salió del hospital, habían pasado ocho meses desde el accidente y decidimos buscar en alguna inmobiliaria un pisito acorde a nuestras necesidades actuales. Los pequeños se quedarían hasta final de curso, al menos, e Inmaculada estaba tan a gusto en ese internado que quería quedarse un tiempo más, por lo que el piso con dos dormitorios sería suficiente para todos.

Conseguimos uno que se ajustaba a lo que necesitábamos en Ciudad Jardín. No tenía ascensor, pero no nos importaba, éramos jóvenes. A la única que le podía costar más era a mi madre, que estaba aún convaleciente, pero ella salía menos de casa y tampoco le importaba. Nos apañábamos y encima sin que mi padre supiera dónde estábamos, que era importante.

A mis hermanos conseguíamos traerlos los fines de semana e Inmaculada se venía sola, las monjas se fiaban de ella. Cuando nos juntábamos todos en el piso, abríamos un sofá cama que teníamos en el salón y así nos apañábamos: mamá, junto con la abuela, en una habitación; los pequeños con Ana en otra, y Ángela y yo en el sofá cama. Todo estaba estudiado, durante la semana nos sobraba espacio. La mala noticia fue que mi padre nos encontró, y sus amenazas comenzaron de nuevo. Ni divorciado dejaba a mi madre en paz.

Juicios
(Carmen)

Mi madre estaba citada para comparecer a un juicio como parte denunciante de los cientos a los que se presentaba. Yo, como hija, no podía ser testigo, pues no estaba permitido, pero sí podía entrar como oyente. Eso sí, sin hablar.

Yo entraba en todos los juicios y pude comprobar que los jueces eran auténticos machistas. Necesitaba ver alguno que fuese de otra condición y defendiese a las víctimas del maltrato, penándolo de alguna forma. Recuerdo que en la mayoría de los juicios salíamos indignadas, pues el juez le decía a mi madre que se levantara y mi madre, después de escuchar lo que el juez leía de esa denuncia, contestaba que como esa denuncia había muchas y que ese día fue como muchos otros iguales, pues concretamente no se acordaba, pero que si ella lo dijo en ese momento eso pasaría. En estos casos el juez decía que no mezclase, que ahora estaba allí por ese día y que lo que ocurriese otros días no se juzgaba en esa sesión. Sinceramente, eso me indignaba: todas las denuncias eran iguales, ¿por qué no las unían?, ¿por qué cada denuncia era un juicio? «Señor, qué gente más inútil», pensaba yo, y para colmo sin solución. Después de haber pasado un mal rato con el maltratador tan cerca y teniendo que hablar delante de él, solo se le asignaba una multa de cien mil pesetas por insultos y calumnias que nunca pagaba, al igual que la manutención. A él se le llenaba la boca diciendo que era insolvente y no podían meterle mano por ningún sitio. Le llamaban para trabajar, pero nunca quiso que lo aseguraran, siempre cobraba en dinero negro para que no pudiesen meterle mano. Esas cosas nos las decían los vecinos, siempre mencionaban que mi padre trabajaba aquí o allí. Pero cuando indagábamos no figuraba en la Seguridad Social, siempre era de forma temporal y en B, así que no había forma de pillarlo.

Recuerdo un juicio al que citaron a mi madre estando ella ingresada por el accidente en una primavera de los años 90. En la denuncia figuraba que yo fui de acompañante con ella y aproveché para presentarme en el juicio. Nombraron a mi madre y al maltratador para entrar a la sala. Yo llevaba la citación del juicio en la mano y le dije a la secretaria que yo era la hija de Carmen y que, como parte denunciante, quería entrar para testificar. Ella entró y consultó con el juez, que le dio el visto bueno.

Una vez en la sala, me senté donde siempre se sentaba mi madre, en el banco de delante, al lado de otro banco donde se sentaba mi padre, y a ambos lados, los abogados y el fiscal. El juez aclaró que yo no era la denunciante y que no podía testificar en el juicio, que se debería haber anulado para otro día viendo la situación de mi madre, a lo que yo pedí permiso para levantarme y contestar, y me lo concedió: «Señoría, la cosa no está para faltar a un juicio, puesto que juzgáis por separado una cosa que debería de haberse hecho junta. Mi madre lleva ya más de cien denuncias puestas a este hombre y no se hace nada por solucionar su problema. Vivimos asustadas y amenazadas por un hombre que ni siquiera se hace cargo de pasar una manutención a sus hijos, y yo, como la hija mayor y hermana mayor, no me puedo quedar de brazos cruzados viendo cómo pasan los juicios de uno en uno sin soluciones. Por lo que, como usted comprenderá, no podía dejar pasar este». El juez miró a los abogados y miró al fiscal, al cual le comentó: «A mí solo me han pasado esta denuncia, la cual tengo que juzgar, pero estudiaré el caso y en el próximo nos veremos».

Me dio permiso para sentarme y dar paso al acusado para tomar su declaración, en la que él siempre negaba. Pero este juez me dio buenas vibraciones, sabía que iba a estudiarlo y que se iba a hacer cargo del caso, estaba segura. En los siguientes juicios de faltas —como le llaman porque no había sangre— siempre nos tocaba algún juez diferente, pero un día, y qué oportuno, nos tocó él. Venía con las tareas hechas, pues le informó a mi padre de una suma de dinero que tendría que pagar por atrasos de manutención, y encima le decretó arresto domiciliario unas semanas. No era mucho, pero al menos había conseguido algo más de lo que algunos daban. La manutención nunca nos la pagó, pero el abogado decía que en cuanto trabajase, se lo quitaban de la nómina. Aunque ya conocíamos sus trapicheos de trabajo, con lo que nunca pudimos contar con su ayuda. En cuanto al arresto domiciliario, nos venía de perlas porque sabíamos que estaría vigilado y que no podría salir. Para nosotras era un alivio.

Ciudad Jardín
(Inmaculada)

Yo aún estaba con las filipenses, pero me iba a casa con mi familia los fines de semana. Hice un grupito bueno de amigas y amigos en el barrio con los que aún tengo contacto y guardo muchos recuerdos buenos. Nunca hablé de mi vida con ellos, porque era un tema poco apetecible para mí y si alguien desconocía la existencia de la historia me sentía más cómoda.

En el grupo había un chico que me gustaba y salíamos juntos, fue mi primer novio. Le decían de mote el Chino. Y por sus ojos, sí que lo parecía. Estaba a gusto con él, era un chico muy respetuoso y me encontraba bien en la pandilla; eran chicos y chicas de mi edad y haber llegado la última al grupo no supuso ningún problema.

Recuerdo que me gustaba mucho salir con ellos. Mi hermana Ana salía con nosotros porque también había chicos de su edad y, por primera vez, fuimos a una discoteca: El Disco Dorado. Me lo pasaba fenomenal, corriendo porque mi madre me decía que llegase a una hora y siempre nos quedábamos un ratito más. Eso sí, siempre la llamábamos por teléfono para decírselo, pues ella estaba preocupada pensando que mi padre nos pudiese hacer algo si nos encontraba. Nos avisaba de que no llegásemos solas a la casa, que nos acompañasen los amigos.

A los amigos nunca les dimos el teléfono porque mi madre decía que solo se le daba a la familia, porque no sabíamos quién podía conocer al Demonio y darle el teléfono. «Nada a nadie —decía mi madre—. Cuanta menos gente lo sepa, mejor». Así que nuestros amigos no supieron mi teléfono hasta el día que decidimos dárselo.

Un día de los que yo estaba en casa, escuché un silbido que reconocía a la perfección. Era mi padre, que siempre nos llamaba así, silbándonos como si fuésemos perrillos. No podía creérmelo. Fui corriendo y me asomé al balcón para asegurarme de que no era él, con la mala suerte de que me vio porque estaba en la acera de enfrente, y SÍ, era él. Nos había encontrado, no sé cómo ni por quién, pero sabía nuestra dirección y teléfono. El portal no tenía telefonillos; allí había un vecino por planta y nosotros vivíamos en la última. Solo eran tres vecinos y cada uno salía y entraba con su llave, y si venía alguna visita bajábamos a abrirle la puerta, pues previamente habría avisado por teléfono. El correo lo dejaban en un negocio que había en la misma calle: el edificio entero era de esa familia y tenían alquilados todos los pisos. El cartero lo sabía y nuestras cartas iban allí.

Gritaba desde abajo: «Putas, asomaros, cabronas, que habéis montado ahí el puticlub. ¿Dónde está la puta vieja? ¿También está ahí con vosotras? Asquerosas…». El miedo volvió a nuestra casa. A mí se me descompuso el cuerpo y pasé un día muy malo, llorando. Mis hermanos no vinieron ese fin de semana, ya que no siempre se los dejaban traer a mi madre. Los vecinos estaban extrañados y todos asomados a la ventana, y mi madre tiró de mí y cerró las ventanas para que no nos asomásemos. Mi madre llamó a la policía para suprimir el escándalo de la calle. La policía llegó y lo pilló allí gritando. Le dijeron que estaba molestando a los vecinos y que se fuese de allí. Él, superobediente, se fue, pero a la cabina de teléfono más cercana. Sonó el teléfono y su voz apareció al otro lado: «Que habéis llamado a la policía, cobardes, hijas de puta. Me lo habéis quitado todo, cabronas. Os tengo que matar…». ¡No podía ser! Y volvimos otra vez a tener miedo, a ir asustados a todos lados, a no querer salir.

El comentario del escándalo llegó a la dueña del piso, que vino a hablar con mi madre al día siguiente. Quería una explicación y que le contásemos qué pasaba. La vecina de abajo era una mujer soltera y le contó lo sucedido a la dueña. Mi madre le contó su situación, necesitaba esconderse porque estaba en peligro y no sabía cómo la había encontrado.

Mi madre estaba a la espera de que se resolviese el juicio del accidente, pues el abogado le dijo que la compañía la iba a indemnizar. Los abogados cerraron el trato sin que mi madre opinase; ella no entendía y el simple hecho de recibir algo de dinero para poder darnos una casa era más que suficiente. Mi madre cobraba una pensión que le había quedado, porque cuando la atropellaron iba para su trabajo y la señora de la casa la tenía asegurada. Ella dio testimonio de que era cierto, de que iba a trabajar. Era una pensión muy chiquita pero suficiente para sobrevivir.

La dueña del piso volvió a hablar con mi madre, pues los escándalos y las llamadas de teléfono no paraban. Les habíamos pedido a los vecinos que nunca dejasen subir a nadie que dijese que venía a vernos, pues sería él o alguien que él mandase y podría hacernos daño. Los vecinos se ofrecieron a ayudar en lo que pudiesen, pero la dueña nos dijo que teníamos que marcharnos de allí, y nos dejaba hasta el tiempo de encontrar otra cosa. La vecina de abajo, que llevaba toda la vida viviendo allí, estaba asustada y ella, como dueña, no podía consentirlo.

El abogado llamó a mi madre y le dijo que en una semana recibiría el dinero del accidente. Esa fue nuestra oportunidad para movernos de allí.

La compra
(Carmen)

Llamó el abogado a mamá para que fuese al despacho, tenía que recoger el cheque que la compañía le había dado por el accidente. La acompañé para recogerlo. Le dieron 9,5 millones de pesetas. Cuando lo recogimos, fuimos de inmediato a ingresarlo en su cuenta de CajaSur.

Al día siguiente, hablando con unos amigos que me encontré por casualidad, salió el tema de la indemnización. Ellos me dijeron que una vecina, que había tenido un accidente con un coche y también salió mal parada, sí se movió y fue a juicio y todo. Lo de mi madre era más grave, porque no habíamos reclamado ese dinero, pues esta mujer consiguió que la aseguradora le diese 25 millones de pesetas. Yo les contesté que no queríamos tanto dinero, que mi madre no tenía ganas de luchar y que en ese momento nos venía muy bien. Ellos no conocían la historia de mi madre, ni la nuestra, ni ninguna, por supuesto. Solo sabían lo del accidente, no tenían por qué saber nada más.

Mi madre me dijo que tenía ganas de comprar un pisito y le dije que ahora era su oportunidad. ¿Dónde? A mi madre le gustaba la Viñuela, el Zumbacón y aquella zona, así que la búsqueda se enfocó por allí. Fuimos a una inmobiliaria y le comentamos cuál era la idea que teníamos. Si era un bajo, mejor. A la abuela le gustaba mucho tener un patio para sus macetas y algún animal; mi madre quería tres dormitorios, y no pedíamos más, solo que el precio no superara los siete millones, para poder hacer frente a los gastos con el resto.

A las dos semanas nos llamaron de la inmobiliaria: «Sra. Carmen, hay uno que le puede interesar. Acaba de entrar y está en la Viñuela». Y mi madre, mi abuela y yo salimos llenas de ilusión a verlo. Lo que pedíamos estaba allí, era el pisito perfecto, muy pequeñito pero ideal. Los vecinos fueron muy acogedores, familias con chicos y chicas de nuestra edad, y, no sé por qué, siempre había un chico en cada piso donde pasábamos al que le gustaba yo. ¡Pero si no le hacía caso a nadie! ¿Por qué se fijaban en mí? Este chico vivía justo al lado y era como el protector, su madre siempre salía a decirme: «¡Es guapo mi José, eh!». A lo que yo le sonreía de una forma algo irónica, pues no pensaba si era guapo o feo, solo que no buscaba chicos en ese momento y su compañía era agradable, pero como amigo. Sí es cierto que salíamos juntos con mis hermanas a un *pub*, que él nos llevaba por el barrio a jugar un billar o un futbolín y que salíamos a menudo. Nos gustaba el barrio, la gente de allí.

En esa época me juntaba con gente que había conocido en la academia de mecanografía, donde yo también era alumna y después pasé a corregir las prácticas. Ellas necesitaban conocimientos de mecanografía. Estudiaban Derecho, estaban en el tercer año y era gente muy maja; hicimos muy buena amistad. Realmente, con la que más encajé fue con Yolanda. Fui su confidente con un noviazgo que su madre no aceptaba, aunque llegó a casarse con su novio en cuanto terminó la carrera. Se fue a vivir a su pueblo y perdimos el contacto. Ellas, a su vez, eran amigas de unos chicos que eran primos y toda la familia tenía fábricas de muebles. Llevaba tiempo ya en esa pandilla y aproveché para que ellos fuesen los que amueblasen el piso que mi madre había comprado. Como he dicho antes, no era muy grande y necesitábamos de un experto para, al menos, amueblar dos dormitorios para seis. Ellos, amablemente, se ofrecieron y fueron muy comprensivos y adorables, se lo agradeceré siempre. Todo muy recogido y coqueto, barato y cómodo. En una palabra: confortable.

En esa época estaba trabajando en el Jardín Botánico, pues me apunté en la oficina de empleo de la avenida de Barcelona, con la suerte de que una chica que había empezado una escuela taller se dio de baja y quedó una plaza libre, cuando aún quedaban unos cinco meses de contrato para acabar. Pregunté si había algo para mí y me ofrecieron el puesto. Yo no sabía de qué iba, ¡jardinera! Bueno, por probar no perdía nada. También trabajaba los viernes y sábados en los *pubs* de Galerías para obtener un sobresueldo. En fin, era afortunada, tenía mi independencia económica y podía ayudar en casa, aunque en aquellos momentos no estábamos mal. Cuando terminé en el Jardín Botánico, decidí no seguir, pues no me gustaba el oficio de jardinería y lo veía absurdo. No quería hacer algo en lo que no estuviese motivada, pero sí seguía trabajando por la noche los fines de semana. Era una forma de ganar dinero rápido y en poco tiempo, pues antes sí se ganaba bien en las noches trabajadas en un *pub*, más si eran extras de fin de semana, como hacía yo.

En esa época conocí a un chico que se estaba preparando las oposiciones para la Guardia Civil y, esta vez, él sí me gustaba.

Aunque solo me gustaba a mí y a mi abuela, porque al resto de mis hermanos no les agradaba mucho y a mi madre, regular, pero al menos decía que era formal. Él, para pagar la academia, trabajaba de camarero en un bar en el mismo barrio donde trabajaba yo. Mi lugar de trabajo era un *pub*, donde trabajaba de noche, esta vez de jueves a domingos. Él trabajaba los fines de semana y entraba por la mañana para poner los desayunos. Hasta las seis de la tarde no terminaba, se iba a duchar y volvía a servir al bar, hasta las doce o una de la noche que terminaba. Cuando salía iba a verme al *pub*. Pocas veces me esperaba, siempre había quedado con alguien, pero lo entendía. Muchas veces le decía que si bebía no viniese a recogerme luego porque se ponía muy malo y me tocaba llevarlo a su casa, pero él venía en ocasiones no para llevarlo a casa, sino para tirarlo directamente al contenedor. No soportaba esa situación, me estaba cansando. Llegó el momento de examinarse, con la suerte de que aprobó y se fue a Baeza. Yo iba a verlo el domingo por la mañana, en el tren. Salía el sábado de trabajar y, sin dormir, me subía en el tren, donde daba un *coscorroncillo* hasta Linares, y de allí a Baeza cogía un taxi. Así todos los domingos, excepto los que iban sus padres, pues en tres años que salimos juntos jamás quiso presentármelos. ¡Quizás era poca cosa para él!, no lo sé, no me dijo nunca el porqué.

Fue un noviazgo algo estresante. En su grupo de amigos nunca encajé; era un grupo muy pijo con muchas chicas muy liberales y chicos que se engominaban demasiado el pelo. Terminaron siendo más de la mitad guardias civiles. Las chicas del grupo eran de buena posición social y siempre supe que no pegaba en ese grupo.

Terminé dejándolo con el tiempo. Mis hermanas decían que las amenazaba y no lo querían cerca, así que decidí apartarlo de mi vida. Lo más importante para mí era mi familia, por lo que no iba a consentir que nadie lo estropeara, que bastante habíamos pasado. «Lo siento, abuela. Voy a dejar al guardia».

Una época muy buena
(Inmaculada)

Ya había terminado en el colegio de las filipenses y mi madre ya había decidido que nos mudásemos, había encontrado un pisito en la Viñuela acogedor para todos; mis hermanos pronto estarían también con nosotros, se estaba solucionando todo.

Recuerdo que mi pandilla decidió ayudar con la mudanza. Teníamos pocas cosas que traer del piso, pues estaba amueblado, y solo teníamos un mueble de salón y nuestras cosas personales. Mi madre fue a Cruz Roja. En la parada del autobús había aparcados unos camiones pequeños que se alquilan para mudanzas y un señor muy amable acompañó a mi madre al piso para ver qué había que transportar y de dónde a dónde, para hacerle el presupuesto. El señor, si él tenía que cargar, también cobraba, por lo que la ayuda de mis amigos nos vino fenomenal; así esa parte nos la ahorrábamos. Una vez el camión lleno —para no volver a tener que ir a recoger nada—, nos subimos todos al camión. Fue muy divertido ver a mis amigos entre tantas cosas atrás, y disfruté con esa mudanza. Otros del grupo se fueron con los vespinos para así traer de vuelta a los que iban en el camión.

Los amigos de mi hermana Carmen, los de los muebles, estaban ya allí montando las habitaciones y el salón, pues la cocina la traía montada el piso y no estaba mal. Tuvieron que volver por la tarde porque aún no estaba todo allí. Mientras, mi madre fue a Jesús Rescatado, que había una tienda de cosas del hogar y buscaba unas colchas iguales para nosotras y otras para los niños. Compró dos edredones de las Tortugas Ninja para vestir las literas de mis hermanos. Esa habitación era muy pequeñita y no podía poner cortinas, porque las literas tenían que ir pegadas a la ventana corredera que daba a un patio interior. Para nuestras camas, quería que las colchas fuesen rosas y la señora de la tienda se ofreció para hacerlas junto con la cortina, a juego. El cuarto rosa le decíamos, todo rosa, donde Ana y Carmen dormían arriba y Ángela y yo, abajo.

Qué alegría, por fin a salvo y con piso propio, que era la condición que había puesto el Tutelar de Menores para que mi madre pudiese traerse a mis hermanos para siempre.

En el mes de mayo mis hermanos hacían la comunión en el internado y fuimos todas con nuestros amigos. Mi hermana Carmen tenía un novio que era guardia civil y también fue. La que no vino era la abuela, que se quedó guisando en casa un arroz con conejo para celebrar la comunión. Después de la ceremonia, nos fuimos a casa con los niños y nos comimos el arroz, riquísimo, por cierto. Mis amigos jugaban con mis hermanos en el patio de la comunidad y en el nuestro, que era interior. Pusimos música y bailamos en el salón, una fiesta en familia. Cuando ya estábamos algo cansados, se marcharon y nos quedamos los seis con mamá y la abuela. Teníamos un conejito blanco con los ojos rojos, precioso, pero que era muy malo, se comía los cables del teléfono. Con la fiesta no nos dimos cuenta de que nos faltaba, pero cuando se acabó la fiesta, lo echamos de menos y empezamos a buscarlo. Mi abuela estaba callada y, de repente, dijo: «¿El arroz cómo estaba, niñas?».Y en ese momento pensamos… «¡Abuela!, no habrás sido capaz...».Y dijo: «¡Ya no se va a comer más los cables del teléfono!». Nosotras empezamos a llorar, no estábamos habituadas a ese tipo de cosas, pero ella decía: «Niñas, no seáis tontas, los animales toda la vida han sido para comérselos». Y más llorábamos.

Un día de un fin de semana, por la mañana —no eran aún las diez—, llamaron a la puerta. Pensábamos que estábamos a salvo y abrió mi madre, muy contenta, sin preguntar ni mirar. De repente, se llevó un puñetazo: él no se atrevió a entrar, pero sí le dijo que los niños no se los iba a quitar. Yo estaba despierta, pero Carmen se había acostado antes de amanecer porque ella trabajaba de noche. Del grito de mi madre y del mío, pegó un salto que casi se cae de la litera desnuda —a ella le gustaba acostarse en bragas; no había hombres en mi casa y se lo podía permitir—. Salió enrollada en las sábanas y corrió para ver si estaba cerca y cogerlo. Cuando no lo vio, llegó a casa, y cuando vio cómo había salido a la calle, resopló, pues ya estábamos en boca de todos otra vez. ¿Este hombre cómo puede averiguar dónde estábamos? Era imposible, decía Carmen. Se vistió y acompañó a mi madre a la comisaría. Mi madre decía que estaba cansada, que no hacían nada, y mi hermana le decía que a ver si por pesadas hacían algo. Y, además, como tenía antecedentes, lo más probable sería que no le perdonasen ni una, pero nada. Otra vez vuelta a casa sin solución y con otra denuncia para la espera de un juicio.

Viñuela
(Ángela)

Desde aquel día que mi padre nos encontró, nuestra estancia allí no fue igual.

La entrada al bloque era desde una cancela por la que accedías a un patio interior, donde estaban las escaleras para llegar al resto de las plantas y los bajos, entre ellos el nuestro. Nunca había habido problemas, por lo que la cancela siempre estuvo abierta, pero desde aquel día pedimos que se cerrase y estuviesen las entradas y salidas más controladas. Los vecinos fueron avisados de lo que ocurrió, algunos amablemente nos decían que no nos preocupásemos que, si había que llamar a la policía o cualquier otra cosa, allí estaban. Otros, en cambio, le dijeron a mi madre que no querían líos, que no querían que sus maridos se metiesen en problemas. Pues nada, cada uno es libre de tomar sus propias decisiones, todo era respetable. Desde aquel día no dejábamos que mi madre abriese la puerta, porque la pobre no llegaba a mirar por la mirilla de la puerta y lo hacíamos una de nosotras. Cuando no estábamos, ella se asomaba por la ventana antes de abrir, porque de esa forma se veía la puerta de casa. Ya no volvió a llamar más a la puerta, era demasiado listo y sabía que allí estaba más encerrado en el momento de montar el escándalo. Él quería que se le escuchara en toda la calle, que hubiera público y dejarnos en evidencia. Siempre estaba en alguna esquina en plan vigilante, lo cual nos asustaba bastante. O en la puerta de alguno de nuestros trabajos esperando que saliésemos para increparnos y amenazarnos.

Siempre salíamos y entrabamos con miedo, intentábamos no ir nunca solas y acompañar a mamá a las compras y donde tuviese que ir. Otra vez estábamos en peligro. Mi madre iba siempre tan sonriente, con tantas ganas de vivir, después de superar un accidente que casi la mata y habiéndose separado de su peor enemigo, que no quería desperdiciar su oportunidad para vivir, para ser feliz. La gente que la conocía pensaba que en su vida era feliz, sin problemas: una señora que salía de su casa sonriendo y jamás tuvo ninguna palabra ni gesto de mal gusto para nadie. La gente la adoraba, la quería. ¿Cómo podía ser que una persona tan querida por la humanidad y por su familia tuviese que pasar por lo que estaba pasando? No era justo.

A mi madre la llamaron del Ministerio de Vivienda. Ella fue y yo la acompañé para ver qué pasaba. Cuando llegamos allí nos dijeron que, por la situación de divorcio y la custodia que tenía ella, le correspondía un piso en las Moreras de cuatro dormitorios a cambio de derribar su casa. Eso sí, en régimen de alquiler con opción a compra. También le dijeron que si renunciaba al piso, este se lo darían a mi padre, que era el que vivía en la casa. Ella dijo que sí, por supuesto, que se quedaba con el piso y nos dieron unas llaves.

Nos fuimos en el autobús hacia las Moreras. Una vez allí, buscamos la dirección que nos habían dado y, cuando la encontramos, subimos a la vivienda. Nos encantó, un piso el triple de grande que donde vivíamos y, encima, en la esquina. Las ventanas daban a la avenida, no tenías que pasar por el barrio ni por ningún sitio que pudiera ser peligroso. Directamente entrabas al bloque, que estaba esquinado, nada más cruzar el semáforo que había en la avenida que lindaba con el barrio de Huerta de la Reina. Era el piso idóneo. La verdad es que mi madre conocía a mucha gente de allí, ya que a todas las personas que le ofrecieron los pisos fueron vecinas suyas en esos momentos tan duros que pasó con nosotras internas y su accidente. Era un barrio humilde de gente trabajadora. Es cierto que había casas donde se vendía droga, pero estaban controladas y no permitían que se quedasen cerca los que iban a comprar.

Cuando llegamos a la Viñuela para dar la noticia, estábamos tan contentas que nos salió de inmediato. Mis hermanas no se lo podían creer: «¡Mamá, no queremos irnos allí. Ya salimos un día y no queremos volver de nuevo!». Mi madre les decía que no iba a dejar que nuestro padre se quedase con un piso tan hermoso para él solo y que teníamos que irnos de allí. A cada sitio que íbamos nos iba a encontrar y era absurdo seguir escondiéndonos. Mis hermanas seguían diciendo que no se iban y que ellas se alquilarían un piso donde fuese necesario, cerca de mi madre, pero que ellas no pisaban el barrio de nuevo.

La visita
(Carmen)

Otoño del año 1992. Yo seguía trabajando por la noche, en un *pub* de barrio donde las noches se hacían largas, pues a partir de la 1 de la madrugada se cerraba la puerta y solo entraban clientes que conociéramos o recomendados por alguien. Eran horas peligrosas y no queríamos líos.

El chico que estaba conmigo trabajando era el encargado, hermano del dueño y un chico muy prudente y respetuoso. Una noche llamaron a la puerta y él salió a abrir. Yo nunca había comentado los problemas de mi casa porque era muy reservada para mi vida personal y nadie tenía por qué enterarse, era parte de mi vida. Pero, como siempre, una no puede tener secretos y ese día el encargado entró y me dijo: «Carmen, ahí fuera hay dos señores que dicen que te conocen». Me asomé por la mirilla y, cuando vi a mi padre con un hombre, me cambió la cara.

No me lo podía creer, ¿cómo sabía que yo trabajaba allí?, ¿qué quería? El hombre que le acompañaba estuvo mucho tiempo persiguiéndome por el barrio acompañado de un perro de raza peligrosa. Yo era una adolescente y se lo decía a mi padre. Siempre me dio miedo porque no solo me perseguía, sino que también me decía cosas ordinarias, y mi padre siempre decía que no pasaba nada, que era inofensivo. Pues mira por dónde, vino acompañándolo. Yo entré al *pub* aterrorizada, y el encargado, al verme así, me preguntó que si me pasaba algo. Le pedí que no los dejara entrar, pues eran peligrosos, y salió a decirles que íbamos a cerrar. Yo me asomaba a la mirilla de vez en cuando y los veía dentro del coche aparcado justo enfrente de la puerta del local. Los clientes salían, pero cierto era que no dejamos entrar a nadie más. Ya era tarde y pedí por favor que cerrásemos en cuanto se fuesen los que quedaban dentro, y así lo hicimos. En cuanto se fue el último, me volví a asomar y seguían allí esperando. El encargado me dijo que ya me podía ir. En aquella época, yo tenía una moto, pero estaría loca si en una noche como esa me iba a casa en ella. Le pedí a mi compañero que me llevase a mi casa. Él salió a meter mi moto, pues yo no quería salir sola. Pocas personas he encontrado en mi vida con un corazón como el de aquel hombre, sin duda, alguien maravilloso. Salimos y enseguida nos metimos en el coche. Mi padre, cuando nos veía acompañadas por algún hombre, no se atrevía a acercarse; no sé por qué, pero así era. Por eso siempre intentábamos que nos acompañase algún chico. Ese día no se me olvidará nunca. ¿Por qué vino a mi trabajo? Encima con un hombre al cual yo le tenía un miedo espantoso y él lo sabía.

Cuando llegué a casa, me acosté con mi madre. Estaba aterrorizada todavía. Ella se despertó y me dijo: «¡Ya estás aquí!». «Sí, mamá», le dije, y su calor y los latidos de su corazón me relajaron y me dormí.

Venta del piso
(Carmen)

Mi madre puso el piso de la Viñuela en venta, pues allí no estábamos a salvo, ya nos había encontrado el Demonio. De todas formas, estábamos en espera de que nos terminasen de arreglar el piso que le habían concedido a mi madre.

Nosotras no queríamos volver al barrio, por lo que convencimos a mi madre para que nos alquilase uno cerca temporalmente y encontramos uno en Plaza de Colón. Estaba muy bien de precio, tenía solo dos dormitorios, pero no necesitábamos más, y estaba amueblado. La familia vivía en Madrid y lo tenían asignado a una inmobiliaria que lo alquilaba enseguida, pues los dueños no lo tenían para sacar dinero, sino para cubrir gastos. Nos vino de lujo y encima cerca de casa, podíamos ir andando.

Mi abuela seguía trabajando y era ella la que se hacía cargo de pagar el alquiler. Ella estaba cerca del nuevo piso, por lo que nos daba una vuelta cada vez que podía. Mis hermanas Ana e Inmaculada eran las encargadas de todo, porque pasaban mucho tiempo en casa.

Siempre había en casa amigos y amigas, era la casa de todos. Yo seguía trabajando por la noche y durmiendo de día, cuando me dejaban mis hermanas, ya que muchos días tuve que levantarme para mandarlas callar porque tenía que descansar para poder aguantar en la noche de nuevo. No era fácil, las noches cada vez me cansaban más, cada vez se me hacía más cuesta arriba. Decidí buscar otra cosa, pero antes tenía que prepararme para ello.

Ángela se fue con mamá para ayudarla con el piso y se quedó con ella hasta que terminaron la mudanza. Cuando se vendió el piso de la Viñuela, mamá me dijo que buscásemos algo para comprar, pues no quería que nos lo comiésemos entre todos, que era lo que iba a pasar si no lo invertíamos. Le pregunté por algo que tuviese pensado y me dijo que a ella le gustaría que se comprase un pisito en la playa, para alejarse de mi padre y que no la pudiera encontrar.

Por recomendación de una amiga suya, conoció a un corredor y nos estuvo buscando piso por la zona de Benalmádena, Fuengirola, Marbella… Nosotras no teníamos vehículo para desplazarnos, por lo que el piso tenía que tener buena combinación de trenes y por eso decidimos esa zona. En aquel entonces, los precios de los pisos oscilaban entre cuatro y diez millones. Tampoco buscábamos un piso en primera línea de playa a todo lujo, sino una cosa más humilde y que nos la pudiésemos permitir. Después de más de un mes viajando a Málaga, encontramos uno que nos cuadró. No estaba muy cerca de la playa, pero tampoco lejos. El problema de Benalmádena es que los pisos que están de la carretera hacia arriba están en cuesta y parece que están más lejos: los metros son los mismos, pero en cuesta. Ese era el problema de los pisos llamados La Cuesta, porque por lo demás, no les faltaba detalle. Eran pisos acogedores, amplios, con piscina, pistas de tenis e incluso un club que abría por la noche con música en directo. Y todo esto por cinco millones de las antiguas pesetas, aunque sumados los gastos de inmobiliaria, notarías, plusvalías y demás supuso un aumento importante en la suma. Recuerdo que el piso era de un extranjero que no podía hacerse cargo del pago y el chico de la inmobiliaria nos dijo que teníamos que pagar sus gastos también, es decir, la parte de plusvalía que al dueño le correspondería y la parte de la comisión. El dinero que el dueño iba a coger por el piso sería para pagar lo que debía y quedarse tranquilo, por eso estaba a ese precio. La verdad es que nos pareció que estaba muy bien de precio para estar bien situado y ser tan amplio, pero había un problema: la comunidad. Ese era un coste que, además de no ser barato, había una derrama. El edificio requería de unos arreglos que había que pagar aparte y, dos veces al año, había recibos extras que se nos escapaban. Para hacer frente a esos gastos, mi madre tendría que alquilar el piso en verano un mes y medio, al menos, y el resto del año lo disfrutábamos los demás.

Llegada a Córdoba
(Carmen)

Mi madre solía ir algunos fines de semana con mis hermanos a Benalmádena, donde teníamos un pisito y al cual se fueron mis hermanas. Le gustaba ir de vez en cuando porque desconectaba y se sentía libre. A mis hermanos también les gustaba mucho ir a la playa. El domingo por la tarde mi madre llegaba de vuelta a Córdoba con mis hermanos en el tren y cargada como siempre con algún macuto o bolsa que traía del viaje. Tenía unas buenas piernas, estamos hablando que en aquella época podría tener unos 38 años.

Eran las 19:00 y mi abuela se acababa de ir a trabajar, ya que dormía en casa de una señora mayor y pasaba las noches allí. Después de un fin de semana trabajando sin parar, me apetecía darme un baño de espuma relajante, aprovechando que estaba sola en casa. Había quedado con unos amigos para salir a tomarnos algo. Mamá estaría a punto de llegar con los niños y quería verla un rato tranquilamente antes de irme. Escuchando música se me fue el santo al cielo y ni me di cuenta de que se me había enfriado el agua. En esto que escucho gritos y oigo decir mi nombre. En el cuarto de baño había una ventana que daba a la calle y veo a mi madre tirada en el suelo con todo lo que traía del viaje esparramado por el suelo, y a mis hermanos intentando levantarla. Salté para coger algo que ponerme y lo primero que pillé fue un abrigo que tenía colgado en la puerta de mi dormitorio. Con el pelo empapado en agua y liada en un abrigo, corrí descalza escaleras abajo. Ayudé a mi madre y le dije a mis hermanos que la subieran, mandándole a la gente que estaba mirando que le ayudaran a recoger todo lo que estaba en el suelo y lo dejasen en el portal, que ya lo subiría yo. Vi cómo una mano me señalaba la dirección del bar que había en la esquina. Furiosa como una leona, buscaba algo para darle un porrazo, pues ya no podía seguir así. Encontré un palo, pero dudo que eso le hubiese hecho daño. Él, al ver que me iba acercando al bar con un palo, mandaría al dueño que cerrara la puerta, y eso hizo. El dueño gritaba que no quería líos. Aproveché que su preciado coche estaba aparcado enfrente del local y me puse con él a descargar mi furia, dándole palazos. Él salió del bar y me dijo que por qué no me iba a la esquina, que quería hablar conmigo. La esquina de la calle era una zona oscura y solitaria, y eso es lo que quería. Pero le dije que no, que yo me quedaba allí, que la gente viese lo maricón que era pegándole a una mujer. A la vez que gritaba enfurecida pensaba que no tendría nada que hacer si llegara a acercarse, pues él tenía mucha más fuerza que yo. En ese momento, vinieron dos amigos con los que había quedado, aparecieron con su coche y al verme me preguntaron que qué pasaba. Mi padre, en cuanto los vio, se volvió a meter en el bar. Yo le decía a mis amigos que el hijo puta que estaba en el bar le había pegado a mi madre y la había tirado al suelo. Mis amigos me pedían que me tranquilizase, a la vez que la calle se inundada de gente. Mi situación no me permitía ver lo que tenía alrededor, solo lo que pasaba en ese bar, hasta que me di la vuelta y veo el barrio entero en la calle o en las ventanas viendo cómo terminaba la película. Mis amigos entraron al bar a hablar con él, pero yo sabía que mi padre era un cobarde y que con un hombre nunca se iba a enfrentar. Estaría de un suave que ni él se lo cree. Mi amigo salió y me dijo:

«Que dice que no ha pasado nada, que son cosas vuestras». Yo sonreí y me marché, avisándole antes de que, como se acercara a mi madre, se iba a acordar.

Subí a mi casa tan sumamente nerviosa que me tuvieron que dar algo para relajarme. ¿Por qué tenía que pasar esto si mi madre ya se había divorciado hace muchos años? Si él no ha pasado una manutención en su vida y jamás se la hemos reclamado, si ya le habían dado una vivienda y decían que estaba con otra mujer... ¡Pues deja en paz a mi madre!

Cuando me relajé, le dije a mi madre que íbamos a poner la denuncia mañana por la mañana e íbamos a denunciar también que no le pasaba manutención desde que se separó. Mi madre me decía que si no tenía dinero lo declaraban insolvente y eso, sinceramente, no me lo creía. Una persona que estaba a diario en un bar y en una cabina llamando por teléfono era porque tenía dinero... ¿De dónde lo sacaba? No lo sé, pero lo iba a denunciar.

Al día siguiente, nada más llegar la abuela, le dejamos a los niños y nos fuimos a la comisaría. Sería la denuncia número doscientos cincuenta, y pronto tendríamos otro juicio, al que yo la iba a acompañar.

El piso
(Carmen)

El piso que mamá había alquilado para nosotras era algo temporal hasta convencernos para que nos fuésemos todas al nuevo piso que le habían dado a cambio de su casa. Ángela se fue desde el primer día con ella y yo también estaba pensando en irme, pues no me dejaban dormir y ya estaba con ganas de estar con mamá. Finalmente, terminamos marchándonos todas al piso con mamá y la abuela.

El piso tenía cuatro dormitorios, por lo que no había problemas de espacio, y la verdad es que estábamos muy cómodas. Algunos vecinos eran conocidos de mi madre y otros no, pero ella enseguida se dio a conocer, porque mi madre no pasaba desapercibida. Era un sol radiante por donde pasaba, era todo dulzura y alegría, era la voz hecha música que todos hubiesen deseado, era amor, siempre ayudando al más débil. Incluso llegó a subir a un chico que estaba abajo drogado para que hiciera una llamada a sus padres y prepararle algo de comer. Muchas veces le decíamos: «Mamá, que aquí hay muchas mujeres solas y nos da miedo que subas a esos muchachos». A lo que ella decía: «Si fuese mi hijo me gustaría que con él también lo hicieran; este es hijo de alguien que estará sufriendo». Ante esto no podíamos decir nada y nos metíamos en las habitaciones mientras que el chico se marchaba, porque, si es por mi madre, era capaz de meterlo en la bañera y darle ropa aunque fuese de nosotras… ¡¡Así era mi madre!! Era capaz de hacer un bocadillo y mandar a mis hermanos, que eran menos asustones que nosotras, para llevárselo a alguien a quien le había dicho: «Espérate que te traigo algo para que comas». Y dejarlo en el portal en espera de que uno de mis hermanos bajase para darle lo que ella había preparado, sin reparar en nada.

Recuerdo que un día se trajo a una niña de dos añitos, rubia, con los ojos azules, una monería, y nos dijo: «¿Queréis que se quede en casa con nosotras a vivir?». Le preguntamos por qué, quién era y ella nos dijo que era la hija de un matrimonio de drogadictos, a quienes les había dicho que les iba a ayudar con la niña. Nos pusimos las manos en la cabeza: «Pero, mamá, ¿estás segura?».

Mi madre, al ver que la niña no estaba bautizada, le dijo a la mamá de la cría que si quería que la bautizáramos, y que ella sería la madrina para que así constara como alguien parte de la familia. La madre, encantada con la idea, dijo que sí, y fueron a la iglesia para hacer las gestiones. Tenían otro niño dos años mayor y los dos fueron bautizados el mismo día. Asistieron las hermanas de ella y la madre, que aún estaba con vida, pero se podía mover poco porque estaba con sobrepeso y le costaba andar. Después de bautizarlos, ya constaba ante la Iglesia que era la madrina.

La niña, era como nuestra hermana. Donde íbamos nosotras, iba ella. La quisimos con locura y la cuidamos mejor que a nuestros hermanos, pues sabíamos de dónde venía y las necesidades por las que había pasado. Estoy segura de que en mi casa encontró lo que necesitaba, que no era otra cosa que amor, cariño, ternura y esa sensibilidad que mi madre era única en el mundo para transmitir.

Cuando cumplió los 6 añitos, mi madre la matriculó en el colegio. Su mamá estaba cada vez peor, muy deteriorada, y su papá había muerto de una sobredosis. La abuela, por su situación de poca movilidad, no se podía hacer cargo de ella y las hermanas ya tenían bastante con hacerse cargo del hermano de la niña, así que mi madre se vio en la responsabilidad de cuidar por su futuro. En el colegio le hicieron miles de preguntas a la hora de matricularla, preguntas que ella respondió como supo o pudo, pues no sabía leer ni escribir y había cosas que se le escapaban.

En el colegio dieron parte a Menores y se presentó un asistente social en casa. Mi madre le explicaba que ella era su madrina y que se iba a hacer cargo de la niña, pero el asistente social le decía que su situación de divorciada y con seis hijos a su cargo no le permitía hacerse cargo de la niña, y que tenían que llevársela a los servicios sociales. A mi madre eso se le escapaba de las manos porque después de tantos años con ella y que ahora por su condición de divorciada se la quitasen, ofreciéndole un internado, no era lo mejor para la chiquilla. Mi madre recordó que la abuela de la niña tenía una hermana en una posición social muy buena, pero las hermanas no se hablaban y no tenían relación ninguna. A mi madre eso no le importó para ir a buscarla. Vivía en Santa Marina, en una casa que pocos se podían permitir, y mi madre, que movía corazones, se presentó a hablar con esa señora, con la niña de la mano.

Al llamar a la puerta, le dijo: «Soy Carmen. Vengo a presentarte a tu sobrina nieta». La señora se quedó prendada al ver una niña rubia con ojos azules tan reluciente y limpia, y la invitó a pasar. Mi madre estuvo contándole la historia desde el principio y le pidió por favor que se hiciera cargo de la niña y de su hermano, que necesitaban una familia para que no se los llevasen los servicios sociales, y que ellos eran su familia. La mujer, con lágrimas en los ojos, le dijo a mi madre que le diese el teléfono, que iba a consultarlo con su familia y ya la llamaría.

A los dos días sonó el teléfono y la señora le dijo a mi madre que habían pensado adoptarlos como parte de la familia. Mi madre, muy contenta de ello, la ayudó en todo lo que pudo para que así fuese y para no perder el contacto con los niños. Finalmente, con el consentimiento de madre y abuela, la tía abuela de los niños se pudo llevar a sus sobrinos nietos en adopción y darles una vivienda digna y unos estudios. Gracias a mi madre, que no le daba igual nada, que todo lo que pudiese hacer por los demás, lo hacía, que se volcaba en todo aquello que pudiera beneficiar, sin importarle su propio beneficio o sus sentimientos. Porque la retirada de la niña, me consta, fue dolorosa para ella, pero lo hizo por el bien de los niños, porque ella era así.

Benalmádena
(Inmaculada)

Yo no quería irme otra vez a ese barrio donde lo pasé tan mal con el Demonio. Había cambiado y tenía amigos y amigas con los que me sentía bien, pero ya era hora de dejar el piso de alquiler. Mi madre ya había terminado la mudanza del piso y ya había comprado el otro piso en la playa, que estaba medio amueblado. Mi madre lo compró así, con lo que había, y por lo que parece, los dueños se fueron y lo dejaron todo tal cual.

Tenía que tomar una decisión para no quedarme en el piso del barrio. Le dije a mi hermana Ana que nos fuésemos a Benalmádena las dos, a buscarnos allí la vida. En la costa habría más trabajo que en Córdoba y no nos sería difícil encontrar algo donde trabajar. Mi hermana, siempre dispuesta a todo lo que yo le proponía, me dijo que sí, así que se lo dijimos a mi madre. Ella, algo preocupada por el hecho de dejarnos solas en un sitio que no conocíamos, dudaba, pero tampoco quería vernos enfadadas todo el día y aceptó..., ¡pero con una condición! Nos dijo: «Vosotras os tenéis que hacer responsables de los gastos». Aceptamos.

Ángela, que se enteró de lo que estábamos hablando con mamá, dijo que ella también se venía con nosotras y, por supuesto, encantadas: ya éramos tres para trabajar y afrontar los gastos. Me daba mucha pena mi madre, pero yo no era capaz de estar en el barrio ni un solo día más. De todas formas, estaba con mi hermana Carmen, que aunque estuviese trabajando de noche, durante el día, aunque fuese durmiendo, estaría allí.

Cuando llegamos no conocíamos nada ni a nadie, solo a una vecina de enfrente que ya conoció mi madre en su anterior visita, a la cual nos presentó. Una vez instaladas, fuimos a saludarla y a decirle que nos íbamos a quedar un tiempo por allí y que buscábamos trabajo. Ella sonrió y nos dijo que era temporada baja y poco trabajo había en ese tiempo, que tendríamos que esperar al verano. Pero a nosotras no nos convencía eso, estábamos en la costa y allí siempre hay trabajo, o al menos eso era lo que nos llegaba de los amigos y la gente.

Después de una semana sin éxito, llegamos una noche a la discoteca de la plaza Solymar de Benalmádena Costa. Era la plaza donde estaban todos los *pubs* y las discotecas. Después de eso estaba la zona del puerto, pero era para una clase social alta, el coste de una bebida subía el doble. Nos paramos en una discoteca para tomarnos algo y ver qué había por allí, porque tampoco nos importaba trabajar de camareras. Al no haber mucha gente, por la temporada en la que nos encontrábamos, no nos fue difícil localizar al encargado, que resultó finalmente ser el dueño, con quien hablamos. Le dijimos que buscábamos trabajo y no tenía por qué ser inmediato, pero que podía contar con nosotras si necesitaba a alguien. Nos sorprendió, enseguida me señaló y dijo: «Tú empiezas mañana de prueba y ya lo vamos viendo». Yo me quedé alucinada, era la más chica y, con mis 15 años, ya trabajando detrás de una barra. Tenía cuerpo y eso fue lo que le hizo decidirse por mí.

Al día siguiente llamamos a mamá para decirle que yo empezaba a trabajar esa noche en la discoteca de la plaza. Le hizo poca gracia, nos decía que no nos separásemos y que estuviésemos juntas en todo momento, nos fuese a pasar algo. No le gustaba la idea de que trabajase de noche, pero nunca me dijo que no. Aunque yo intuía que no era de su agrado.

Pasaron los meses y mis hermanas seguían sin trabajar. Yo cobré la primera semana y con eso empezamos a comer y a pagar cosas pendientes. Cobré las cuatro primeras semanas de trabajo y empezaron los *flaqueos* en el pago. No me pagaban y los gemelos que se encargaban de las relaciones públicas de la discoteca me tenían algo cansada, pues me acosaban y eran tan idénticos que nunca los diferencié, pero los dos me acosaban sexualmente. Llegó un punto que me daba miedo, me sentía aterrada. La situación me recordaba al demonio de mi padre y les dije a mis hermanas que me tenían que esperar a que saliese, que me daba miedo la actitud de los gemelos. A veces llegaban a mi casa después de salir del trabajo, a altas horas de la madrugada, sin importarles los vecinos. Eran insoportables, llamaban y me decían que los dejara entrar, que querían hablar. Pero no los dejé nunca, pues me aterrorizaban y en alguna ocasión me dieron ganas de llamar a la policía. Ellos eran de los que no aceptaban un no por respuesta y encima veía cómo se aprovechaban de las extranjeras. Eran unos chicos muy guapos y con buen cuerpo, pero unos maltratadores, machistas y demonios.

Llamamos a mi madre y le contamos lo que pasaba, que no me pagaban. Ella debió contárselo a mi hermana Carmen, porque al fin de semana siguiente se presentó allí. Nos dio mucha alegría verla, es como ver un trozo de ti que te han arrancado y quieres que vuelvan a colocártelo en su sitio. Ella nos dijo que venía para dos o tres días, que no podía quedarse más, pero que me iba a echar una mano con el dueño y le iba a preguntar qué pasaba. Le dijimos que se metiera en el papel de madre y así lo hizo. Llegó como si fuese mi madre para hablar con el dueño; mi hermana, cuando se mete en el papel, es capaz de poner ese plante serio e interesante para los hombres que se creen valientes. El dueño la saludó con entusiasmo y le ofreció una invitación que ella aceptó porque se la servía yo. Hablaban sentados en la barra cuando, de repente, me dice el dueño: «Dos copas de champán y una botella». Y veo que mi hermana sale con él a la calle. No tardaron mucho en regresar cuando miro a mi hermana y con la mirada ya nos hablábamos, con esa sonrisa de «como no te pague, lo mato». El dueño me pagó esa noche la mitad de lo que me debía y me prometió darme la otra mitad el próximo día. Nunca supe lo que le dijo mi hermana o no le dijo, pero resultó, y eso es lo importante. Mi hermana siempre ha sido muy reservada para sus cosas, pero con solo una mirada hablábamos; decía tanto su mirada como su silencio.

Lo que realmente me preocupaba ahora eran las aberraciones de los gemelos y su insistencia por tener sexo conmigo, que no quería y ellos no lo entendían. Nunca les habían dicho que no y yo era su objetivo, tenían que poder conmigo, querían violarme entre los dos. Me lo confesaban en el trabajo y yo todo el día asustada, aterrada. Cansada de la situación, invité un fin de semana a mis amigos de Córdoba para que arreglaran el tema, porque estaba claro que yo sola no podía. Vaya si lo arreglaron: qué fin de semana más bueno pasé, porque me veían y huían de mí.

Se aproximaba el buen tiempo y unas amigas decidieron venirse con nosotras un fin de semana junto con mi madre y mis hermanos. La abuela y mi hermana Carmen no vinieron porque trabajaban. Ya habían pasado cinco meses desde nuestra llegada a Benalmádena y teníamos ganas de estar en familia. Cuando llegó mi madre con mis hermanos y mis amigas me dio mucha alegría, necesitaba verlas: Laura, Pepa, Inma Borre… ¡Guau, qué alegrón! A mi madre le gustaban mucho las velas y, mientras estaba en la terraza viendo y escuchando los chorritos de la piscina y de los periquitos, en el salón tenía unas velitas encendidas. Esa sensación de entrar y oler a vela… ¡era mi casa! Mis amigas se sentían raras con las velas y yo me reía. «Que no es por nada —les decía—. Mi madre dice que la luz de las velas se lleva los demonios», y me reía otra vez. Lo necesitaba, necesitaba esas risas por las cosas de mamá y necesitaba sonreír con mis amigas, pequeñas cosas que me hacían feliz y que echaba de menos.

El domingo por la mañana, el último día antes de la marcha, llamaron a la puerta. Estábamos preparando las toallas para bajar a la playa. En ese momento, mi madre, sonriendo, abrió y se llevó un puñetazo sin saber de dónde había salido. Cuando la oímos caer, nos asustamos y fuimos a ver qué pasaba, sin encontrarnos con nadie. Sentimos que alguien corría, pero no llegamos a verlo. Yo pensé que no podía ser, que cómo iba a saber mi padre el piso exacto, si ya era complicado la segunda vez que ibas, cómo iba a saberlo a la primera. No, no podía ser verdad. Mis amigas preguntaban qué había pasado y nos sentamos para contárselo. Ellas, asustadas, nos dijeron que fuésemos a la policía, pero no podíamos denunciar en Benalmádena, no estaba allí nuestro juzgado y nos iban a hacer ir para tomarnos declaración, sería un lío. Le dije a mi madre que no se preocupase, que estábamos muchas y no se iba a atrever a acercarse; nos iríamos a la playa, como estaba previsto. En la playa estábamos muy incómodas mirando a todos lados como si nos estuviesen apuntando con un rifle, una sensación malísima de la que mis amigas se dieron cuenta y estaban todo el rato diciendo que nos relajásemos, que no podíamos vivir así, que si no había nadie que pusiera remedio a eso. No lo entendían. No había solución, no había leyes y el miedo volvió a nuestra casa.

Después de este incidente, decidimos volver con mi madre a casa; no estábamos seguras allí. Era triste pero era verdad. Mi madre volvió en el tren ese mismo día con mis hermanos y amigas. Nosotras nos fuimos al poco tiempo.

Unidad de Quemados
(Carmen)

Mis hermanas seguían en Benalmádena. Yo estaba trabajando de noche en un *pub* del centro, de jueves a domingo, e incluso algunos días entre semana en los que descansaba mi compañera, también iba yo. Ella era estudiante de carrera y los días de examen necesitaba descansar. A mí no me importaba, yo estaba en una academia poniéndome al día en contabilidad e informática; quería ser secretaria y necesitaba tener conocimientos básicos para ello.

Un día en el que yo estaba por la mañana en la academia en mis clases de contabilidad, mi madre estaba en casa de su amiga Manoli, que descansaba ese día y la llamó para que le echara una mano en la casa porque, aun siendo amigas, Manoli la llamaba a ella, ya que le gustaba cómo limpiaba y, encima, le ayudaba económicamente, que también le hacía falta.

Mi abuela estaba sola con mis hermanos en casa, porque ellos eran aún pequeños y necesitaban de los cuidados de un adulto. Recuerdo que eran los tiempos en los que se llevaba la serie televisiva de *MacGyver*. Era un señor que, aun estando en peligro y encerrado, siempre encontraba cómo hacer un arma para escapar con algunas cosas caseras que encontraba en el cuartillo donde lo encerraban. Eso era de gran interés para los niños de 11 y 12 años, a los que las invenciones de ese hombre les encantaban, y algunas llevaban a la práctica.

Mi abuela ha sido siempre muy confiada de todo lo que hacíamos nosotras. Cierto es que nunca ha tenido que llamarnos la atención por nada, pero con mis hermanos era distinto. Decía que eran muy malos y no les podías quitar el ojo de encima.

Al mayor, que tenía 12 años, le encantaba armar y desarmar cosas a las que siempre le sobraban piezas, pero terminaban funcionando. Era muy manitas y le gustaba indagar y construir. Pero llegó el día que quiso experimentar con lo que no debía. Se metió en el baño, había cogido un mechero y un bote de alcohol de 96º. El experimento consistía en quemar una gota de alcohol para que saliese la llama. Con tan mala suerte que, después de tres gotas, el fuego se fue hacia el bote haciendo prender todo su cuerpo. Su suerte fue que la bañera estaba llena de agua, porque se supone que preparaba un baño, y se metió. Al salir, las llamas se avivaron en su cuerpo, pidió auxilio con las cortinas del baño aún prendidas. Salió a la terraza que había en el baño y menos mal que la abuela y mi hermano David estaban en casa; de no ser así, hubiese muerto quemado. La madera de la puerta del baño estaba algo pujada por el frío y no cerraba bien, por lo que el pestillo del pomo se quedaba a medias; también eso lo salvo. La abuela empezó a oír cómo mi hermano pedía socorro. Ella y David pegaron un salto de la silla y corrieron para ver qué pasaba. Mi hermano David, aunque pequeño, tenía fuerza y dándole golpes pudo abrirla. Cuando mi abuela vio las llamas, corrió a por una manta de la primera cama que encontró y arropó a mi hermano, mientras David apagaba las llamas de la cortina del baño como buenamente podía. La abuela cogió un cartón de huevos que había en la cocina y se los restregó al niño por todo el cuerpo sin tirar de la ropa. Después gritó en las escaleras para que saliera algún vecino y la pudiese ayudar, a lo que se ofrecieron todos. Uno de ellos la llevo en el coche con mi hermano liado en una manta al hospital, mientras que otra vecina se quedó con mi hermano David. Mi abuela no sabía ni marcar los números de teléfono, por lo que mi madre y yo no nos enteramos hasta llegar a casa, cuando nos lo contaron las vecinas.

Salimos corriendo hacia el hospital, llevándonos a David por si tardábamos. Al llegar, vimos a la abuela con la manta con la que había liado a mi hermano y llorando por lo que había pasado, acompañada por un vecino al que le agradecimos su rapidez y buena fe. «Los médicos están con el niño dentro», nos dijo la abuela. «No te preocupes, abuela. Verás que todo sale bien». Ella solo decía que estaba ardiendo el niño y menos mal que estaba David para poder ayudarle con la puerta. Mi madre y yo intentamos tranquilizarla de todas las maneras, pero no fue fácil.

Salió el médico para decirnos cómo estaba mi hermano: «Señora, el niño se va a quedar unos días en la Unidad de Quemados. Tiene quemaduras de tercer grado por todo su cuerpo y hay que curarlas a diario. Las curas tienen que ser valoradas también a diario por si hubiese que hacer algún injerto en alguna zona que esté peor. Por ahora, no hemos visto que eso vaya a pasar, pero tiene que estar controlado».

Ahora tocaba la peor parte: decírselo al maltratador. Mi madre fue donde vivía y le contó que su hijo estaba ingresado, por si quería ir a verlo. En esa época, el juez dictaminó que los niños que aún no estaban en edad de opinar tenían que irse con él los fines de semana alternos. Menos mal que vivía cerca, porque David siempre se escapaba para venirse a casa, pero su hermano mayor aguantaba el fin de semana entero y, por eso, lo tenía como su favorito, era un niño que no protestaba y lo llevabas donde querías. Todo lo contrario que David, que era un rebelde y si algo no le gustaba, te lo hacía saber.

Cuando el maltratador se enteró de la noticia, puso el grito en el cielo diciendo que mi madre no se merecía tener el cuidado de sus hijos, que los tenía abandonados y concluyó con un «Te tengo que matar». Mi madre salió de allí como un rayo y él no tardó en ir al hospital a ver a el niño.

Yo seguía trabajando, estuve algunos días sin ir para cuidar de mi madre y de mi hermano porque, a excepción de la mañana, momento de la cura, en que lo pasaba muy mal porque oía sus gritos, el resto del día quería estar disponible. Al menos hasta que llegasen mis hermanas de Benalmádena y ayudasen.

Mis hermanas llegaron pronto y nos turnábamos en el hospital para que mi madre fuese lo menos posible. El maltratador estaba siendo una amenaza para ella, la amenazaba por donde la pillaba. E incluso una vez, el acompañante de habitación de mi hermano, un chico joven que se había quemado una pierna, tuvo que llamar a los enfermeros porque mi padre estaba amenazando de muerte a mi madre y le pidió por favor que saliera del dormitorio. Él se negó, decía que era su hijo y no se iba porque no le daba la gana. Entonces fue mi madre la que salió para que mi hermano no pasara un mal rato, ya tenía bastante con lo que le había pasado. Fue un mes que se hizo eterno, acabamos muy cansadas de sus maltratos, en esta ocasión psicológicos. Y también de la situación, ya que era muy desagradable ver cómo mi hermano sufría todos los días cuando tenían que despegarle las vendas y lavar y curar las heridas de todo el cuerpo, desde el cuello a las piernas.

La vidente
(Inmaculada)

Yo fui una niña con muchos problemas de piel. Mi madre me compraba jabón verde en ocasiones, porque era lo más saludable y hacía que me bañase usando ese jabón.

Recuerdo que una vez me salieron unas ampollas en la espalda y cada día tenía más. Resultó ser un herpes gigante en la espalda llegando al hombro. Mi madre me decía que era una culebrilla y que había que frenarla porque me podía ahorcar. A mí aquello me impresionó mucho, yo no entendía de culebrillas y mucho menos quería que me ahorcase. Ella me la limpiaba con ese jabón que había comprado para secarla, pero eso seguía creciendo. Mi madre me llevó al médico, que me mandó una crema y me la aplicaba por la noche. Pero nada, eso seguía creciendo aunque por algunos sitios estuviese más seca.

Mi madre tenía una amiga que era vidente, a la que acudía cuando tenía algún problema. Por supuesto, le pagaba las sesiones; ella se dedicaba a eso y de eso comía, excepto cuando venía a casa para pasar el día con mi madre, que se le podía hacer cualquier consulta sin previo pago.

Yo, al ver que aquello no se me quitaba, temía por mi vida, ni podía dormir pensando que aquello me podía ahogar. Ana, la pitonisa, que era como la llamábamos en casa, estuvo viéndome aquello que ya me rodeaba el cuello y le dijo a mi madre que, sin duda, era una culebrilla, que tenía que tratarme un día sí y otro no, hasta matarla. Empezaron las sesiones ese mismo día. Sacó de su bolso un aceite que olía muy bien y, extendiéndolo por toda la culebrilla, decía unas palabras en algún idioma que yo no entendía; cosas de videntes, imagino. Los días que tocaba ir a su casa cogíamos el autobús para desplazarnos y nos presentábamos allí, donde me hacía el ritual de la culebrilla. Estuvimos casi dos semanas y aquello desapareció. No sé si fue por el aceite, por las palabras que decía o porque realmente aquello curó solo. Lo que sí agradezco es que aquello no me ahorcase, porque me tenía asustada.

Mi madre siempre hacía lo posible para que estuviésemos bien y, a pesar de haber tenido seis hijos, con todos se preocupaba como si fuese el primero. Movía cielo y tierra por cada uno de nosotros, y si una vidente lo solucionaba, pues allá que íbamos. Lo que hiciera falta por un hijo.

Llegada de Benalmádena
(Ángela)

Nuestro pensamiento ya estaba puesto en la vuelta que nos esperaba, pues después del incidente con mi padre en la playa no nos fiábamos de estar allí solas, teníamos pánico. Aunque sabíamos que el asunto era siempre con mi madre, la cosa es que nunca estuvimos seguras e intentábamos evitarlo incluso cuando andábamos por la calle.

Era un miércoles de los que llamábamos a mamá, siempre a partir de las 20:00 horas, que salían más baratas las conferencias. Esta vez, la llamada era para decirle que nos íbamos durante la semana, en cuanto Inma se despidiese de su trabajo y recogiésemos nuestras cosas del piso. Pero la noticia nos la dio mi abuela, llorando, desde el otro lado del teléfono. Nos dijo lo que había ocurrido con mi hermano, que se había quemado y estaba en el hospital. Me quedé sin palabras, quise decírselo tan rápido a mis hermanas, que estaban a mi lado para poder hablar con mamá, que no me salían las palabras. Inmaculada me quitó el teléfono y preguntó: «¿Qué pasa, mamá?». «No, hija, soy la abuela —respondió—. Pues nada, que esta mañana tu hermano ha metido fuego en el baño y se ha quemado todo el cuerpo, así que mamá está en el hospital con él, porque la cosa va para largo. ¿Cuándo llegáis vosotras?», nos preguntó. «Mañana», le contestó Inmaculada, y colgó.

Estábamos temblorosas, llorando y pensando: «¡Otra cosa más!, ¿cuándo pararán las desgracias?». Nos fuimos al piso y terminamos de recoger. Inmaculada se pasó aquella noche por la discoteca y se despidió. «No vamos a demorar la vuelta. Mamá nos necesita y los hermanos también».

Así lo hicimos. Al día siguiente, sin haber podido dormir lo más mínimo, nos bajamos a coger el autobús que nos llevaba a Málaga, para allí tomar el tren dirección Córdoba. El autobús nos costaba mucho menos que el tren de cercanías, aunque el viaje era mucho más tardío y pesado, pero andábamos cortas de presupuesto.

Una vez en Córdoba, nos fuimos para casa, donde estaba mi abuela y mi hermano David. Carmen estaba en el hospital con mi madre, pero iban a regresar pronto, así que soltamos las cosas y cogimos el bus hacia el hospital. Cuando llegamos allí nos encontramos a mi hermana Carmen, que ya se marchaba a casa porque la abuela se tenía que ir a trabajar, y subimos a ver a mi hermano. Qué cosita me dio el verlo vendado en la cama tan indefenso y triste por lo que había hecho y por los dolores que tenía. Le dimos el mayor abrazo que pudimos darle a un hermano, aunque el fin de semana lo habíamos pasado juntos…, pero en otras condiciones. Me dolía verlo ahí en esa cama. Yo no podía hacer nada por solucionar el problema, solo resignarme y cuidarlo lo mejor que podíamos.

Después de un ratito, mis hermanas Ana e Inmaculada me dijeron que ellas se iban a casa, que estaban cansadas y no tenían más ganas de estar en el hospital. Las acompañé y me fumé un cigarro con ellas en la puerta de Urgencias. Cuando volví a subir, mi sorpresa fue encontrarme con mi padre sentado en el filo de la cama de mi hermano y mi madre en la silla con cara de susto, pues no paraba de decirle barbaridades, insultarla y amenazarla: «¡Esto es lo que haces con mis hijos!, ¡so golfa, perra, te tengo que matar!». No se calló ni entrando yo. La situación era horrible; pienso que él estaba en su mejor momento, poder ver a mi madre tan cerca y tenerla ahí para decirle lo que quisiera. Era su momento, pero, por desgracia, para mi hermano esas cosas no creo que fuesen de su agrado en su situación y para nosotras tener que encontrarlo allí tan cerca con sus amenazas e insultos, mucho menos.

Mi madre, siempre que mi padre la insultaba, intentaba callarse. Pero cuando veía que la cosa se alargaba le decía que se callase, por lo menos por su hijo, que ya lo pasaba bastante mal cuando lo curaban. Y de esa forma parecía que recapacitaba.

Fue un mes de lo más largo, aunque las visitas de mi padre en el hospital fueron remitiendo, por suerte, y se nos hacían las horas más cómodas. Pero los momentos tensos que pasamos allí no eran del agrado de nadie.

Un día de vuelta
(Inmaculada)

Era la primavera del año 1994 y mi hermano ya se había recuperado de sus quemaduras. Mi madre tenía ganas de poder volver a retomar esos fines de semana en la playa con mis hermanos.

Mi madre volvía de la playa con los niños, y algunos fines de semana se seguía yendo, pues no siempre iba a ir el Demonio a la playa, pensaba ella. Al llegar a la estación vio a mi padre enfrente esperándola... ¿Cómo podía saber a qué hora llegaba? Tenía un control absoluto de sus movimientos. Mi madre llamó por teléfono a casa y se lo cogí yo, estaba a punto de bajar porque me estaban esperando mis amigos y mi novio, el Chino. «Inma —me dijo—, tu padre está aquí en la estación esperándome y no me atrevo a salir». Yo le dije que iba a recogerla, que me esperase. Tuve suerte de que mis amigos estaban abajo y sabían la historia que llevaba acarreando desde que los conocí en Ciudad Jardín, y al bajar les dije: «Vámonos a la estación a recoger a mi madre. Está el Demonio allí y no me fío de que le pueda hacer algo». Arrancaron sus motos y nos fuimos a la estación. Si no recuerdo mal, íbamos cuatro motos, yo subida detrás y otra chica más también de paquete. Los demás iban solos, por lo que nos juntamos unos pocos.

Al llegar a la estación no veía a mi madre y les dije a mis amigos que se esperasen mientras entraba a buscarla. Sabía que si estaba escondida sería donde hubiese un guardia de seguridad o un teléfono, por lo que esos fueron los primeros sitios donde miré y allí, a lo lejos, por fin la vi y ella a mí. Cuando le dije que nos íbamos, ella me señalaba a la puerta. Yo le hacía señales de que no pasaba nada. Al salir estaba allí mi padre. Él no me había visto llegar y ni se dio cuenta de los chicos de las motos. Empezó a insultar a mi madre nada más salir («ya vienes, so puta, hija de puta, guarra. Te tengo que matar…»); siempre lo mismo y con la mirada de asesino, que era lo que me daba miedo. Porque las palabras me daban igual, yo me fijaba en su mirada y en lo que pudiese hacer, pues ya lo había comprobado en varias ocasiones y no iba a consentir que la tocara. Mis amigos, que de lejos vieron cómo yo increpaba a mi padre diciéndole que se fuese de allí y que dejara en paz a mi madre, corrieron a buscarme y a intentar echar de allí a mi padre. Pero no hizo falta mucha fuerza, pues en cuanto vio a tanto chaval se fue, o al menos eso pensamos.

«Mamá, vete por los soportales, que nosotros vamos cerca de ti con las motos hasta casa. No te vamos a dejar sola». Y eso hizo, tranquila porque estábamos allí y por supuesto no la íbamos a dejar sola. En un soportal se encontró a mi padre, que empezó otra vez a amenazarla e incluso llegó a agredirla cogiéndola del brazo y zamarreándola. Cuando vimos aquello, salimos corriendo y uno de ellos se llevó la pitón de la moto para darle con ella si fuese necesario. Esta vez sí le dijeron mis amigos que era un maricón por pegar a las mujeres, que si tenía cojones de pegarles a ellos. Pero, viéndolos con las pitones de las motos en la mano, no se atrevió a acercarse.

Solo nos quedaba un tramo más para llegar a casa y nos lo volvimos a encontrar. En esta ocasión estaba con dos amigos, de los pocos que tendría, y nos señalaba diciéndoles que esos niñatos no hacían más que ir por la calle amenazándole. Sus supuestos amigos se quedaron allí y finalmente no ocurrió nada, pero fue un trayecto de película que jamás olvidaré.

«Pobrecilla tu madre», me decían mis amigos, «¿cómo puede tratarla así ese tío con lo buena que es? Ojalá tuviese yo una madre como la tuya». Esas cosas me conmovían porque era cierto, yo tenía la mejor madre del mundo.

Feria 1994
(Inmaculada)

Ese año fue el año en el que yo necesitaba salir. Tenía un grupo de amigos y amigas importante y quería aprovechar cada momento que estaba con ellos. Por supuesto, siempre recogiéndome la última, cada fin de semana me traía una amiga a casa para dormir y no tener que volver sola.

Era la feria. M.ª Ángeles, mi amiga del colegio, se quedaba ese día a dormir en casa. No era fin de semana, era un día laborable, pero nosotras salíamos todos los días, siempre quedábamos con alguien diferente y conocíamos mucha gente. Yo tenía 16 años y mi amiga 17, pero era dos veces yo, era una chica muy alta y estaba muy desarrollada físicamente.

Decidimos ese día cogerle la moto a mi hermana Ángela, pero teníamos que esperarnos a que todos estuviesen en casa y no podíamos llegar muy tarde porque al día siguiente trabajaban mis hermanas mayores.

El plan lo llevamos a cabo. La verdad es que fuimos unas inconscientes. No llevábamos casco y habiendo bebido no sé cómo se nos ocurrió hacer eso, la edad te da esa forma de actuar tan poco madura, y eso era lo que teníamos, edad de ser inconscientes.

Llegó el momento de volver y la verdad es que no sabía ni la hora que era, pero sí que quedaba poco para el amanecer, y pensé que mis hermanas se iban pronto a trabajar y la que nos iba a caer como viese Ángela que nos habíamos llevado su moto. Habíamos bebido las dos, pero mi amiga iba muy perjudicada y pensé que con el aire de la moto se espabilaría, pero no fue así. En la calle Alfaros se fue hacia un hombro y me vomitó encima con tan mala suerte que nos caímos. Las dos aterrizamos en el suelo y nos golpeamos con el bordillo en la cabeza: mi amiga con una buena brecha en la cabeza y yo en la frente. Unos chicos que nos venían siguiendo con un coche desde la feria piropeándonos fueron nuestros salvadores. Nos socorrieron y llamaron a Emergencias; los piropos, finalmente, resultaron salvadores.

Desde el hospital llamaron a mi madre y a la madre de M.ª Ángeles, pero esta no contestó porque estaba trabajando. Mi madre llegó al hospital llorando: «¿Pero qué ha pasado hija?», me decía. «Nada, mamá, que nos hemos caído de la moto». A mí me dieron siete puntos en la frente y a mi amiga veinte en la cabeza. Estábamos las dos separadas por una cortina y riéndonos de lo que había pasado, hasta que nos cosieron, que no nos hizo mucha gracia.

Al salir, mi madre nos metió en un taxi y nos fuimos a mi casa. Cuando llegamos, mi madre nos dijo que nos acostásemos en su cama las dos juntas, que estaríamos cansadas de no dormir y que ya llamaría a la madre de M.ª Ángeles.

Llegó la madre de M.ª Ángeles muy cabreada y vino a vernos a la habitación. Ella sí estaba enfadada por lo que habíamos hecho y le dijo a M.ª Ángeles que si no le daba vergüenza su comportamiento. Ella se calló y no dijo nada. Mi madre le decía que no era momento de riña, que le habían cosido la cabeza y que la dejara que descansara, pero la madre de mi amiga era una señora con carácter e hizo que se levantara para irse. Pobre, la que le iba a caer.

En el hospital habían dado el aviso al Tutelar de Menores, no sé por qué, yo tenía 16 años. Mi madre no supo nada hasta que llegaron a casa preguntando por mí. Mi madre los atendió muy preocupada, pues no esperaba esa visita, pero ellos decían que era menor y que no podía estar sin horario por ahí y con una moto que no era la mía, sin seguro, ni permiso, ni nada. Mi madre le dijo que la cogí sin permiso, pero que estaba arrepentida de lo que había hecho y ya no volvería a ocurrir. Pero ellos venían a llevarme a toda costa, pues mi madre, por su situación de divorcio, y nosotras, que no queríamos irnos con nuestro padre, estábamos en el punto de mira de Menores. La pobre de mi madre movía cielo y tierra para que no nos llevasen más de su lado, sin saber leer ni escribir estuvo varios días averiguando papeles que yo, por aquellos entonces, desconocía, pero sí la veía preocupada. En ese momento pensé que no podía ocurrir más este tipo de cosas. Mi madre ya tenía bastante con soportar la vida que le daba el Demonio, que ni divorciado la dejaba tranquila, como para que yo también se lo hiciera pasar mal. Finalmente, consiguió que no me llevaran, nunca me dijo cómo ni me recriminó nada. Mis hermanas ya trabajaban y yo solo pensaba en irme de fiesta con mis amigos y amigas. Tenía que ocupar mi tiempo en algo y pensé que me iba a matricular en un ciclo. No podía fallarle a mi madre, porque sufrían ella, mi abuela y mis hermanas y hermanos, y no podía hacerles esto.

«¡Mamá, perdóname! —le decía—. No lo voy a volver a hacer más». Mi madre pecaba de comprensiva, ella me decía: «Hija, yo no sé lo que es irse de fiesta porque no he salido nunca, pero veo que lo pasáis bien y que os hace felices, y no voy a impedirlo. Pero lo que sí os pido es que lo hagáis con cabeza, por vuestro bien; las cosas con cabeza, por favor». Yo lloraba escuchando a mi madre, tenía más razón que un santo. «Gracias, mamá, por estar aquí a mi lado siempre y perdonarme tantas veces. Gracias por no consentir que me lleven otra vez al internado de nuevo. Gracias por ser mi madre». A pesar de todo lo que yo le hacía de forma inconsciente, ella siempre nos justificaba. La necesitaba en mi vida y no podía alejarme de ella jamás. Era la mejor madre del mundo.

El accidente de moto de Inmaculada (Carmen)

En Córdoba, la feria siempre es la última semana de mayo. Ese año, el de 1994, yo trabajaba en una oficina como auxiliar administrativo, mientras estudiaba por libre para hacer los últimos exámenes que me faltaban para terminar el FP1 de Administrativo. Mi experiencia venía por trabajar anteriormente en otra oficina y por los cursos de contabilidad que había hecho en la academia Alcántara.

Uno de esos días de la semana de feria sonó el teléfono de la oficina (algo que no era lo habitual porque sonaba siempre en tienda, ya que lo normal era que llamasen para hacer pedidos, y no en la oficina). Cuando me lo pasaron y me dijeron que era para mí, me sorprendí. Al otro lado estaba mi hermana Ángela, que me extrañó muchísimo que me llamase, pues no era normal. Me asusté y pregunté: «¿Qué ha pasado?». «Carmen, Inma ha tenido un accidente con la moto y está en el hospital». Ya me asomaban las lágrimas nada más coger el teléfono, porque sabía que no era nada bueno. Y, preguntándole qué había pasado, me decía que no sabía, que aún no la había llamado mamá. La incertidumbre era lo que más me preocupaba y, al verme uno de mis compañeros, me preguntó qué me pasaba. Le dije que nada, pues no quería dar explicaciones. Al ratito llegó el encargado y a él sí se lo conté porque necesitaba irme para saber qué pasaba; no estaba cómoda allí sin saber. Después de escucharme me dijo que me esperase a que volviesen a llamar, porque para qué me iba a ir; si no me llamaban, pues que devolviese yo la llamada en un rato. Menos mal que en feria teníamos horario especial y no teníamos que trabajar por la tarde, así que a las 15:00 terminaba y no volvía hasta el día siguiente (pero la verdad es que me quedé algo sorprendida por su actitud, aunque no me extrañaba).

Pasé la mañana como pude y loca por que llegase la hora de irme. Ya sabía que le habían dado el alta y que estaba en casa, pero quería verla. Al llegar a mi casa, me las encontré a las dos acostadas en la cama de mi madre y les pregunté: «¿Qué ha pasado? ¿Cómo os habéis apañado?». Y en ese momento llegó la madre de M.ª Ángeles, que también venía pidiéndole explicaciones, por lo que salí de la habitación hasta que se fueron y pude hablar con mi hermana. «Inma, ¿por qué haces esto? Mamá no se lo merece, no le des más disgustos de los que ya tiene». Ella lo entendió, sinceramente estaba arrepentida de lo que había sucedido.

No paraba de pensar que otra cosa más nos estaba pasando en la familia no muy agradable: un accidente. Mi padre seguía dando la lata, el teléfono ardía con sus llamadas, que eran grabadas en cintas para llevarlas al juzgado como prueba. No podíamos más con la situación, continuamente amenazando y sin descanso, el teléfono siempre comunicando y, para rematar, el accidente de mi hermana y los servicios sociales, que me había enterado que llegaron a casa.

¿Pero qué está pasando? ¿Cómo podía mi madre con todo esto? No lo entendía. A mí me cansaba esa situación, y para descansar después del sábado, al salir del trabajo al mediodía, me iba a la playa de Benalmádena con mi novio, cuando no estaba ocupado. Pasaba allí 24 horas, las cuales me hacían reponerme y cargarme de energía para soportar la semana. A mi madre le venía bien cuando íbamos en un coche, pues siempre había algo que llevar de peso y ella en el tren no podía, así que siempre nos cargaba con algo.

Mi madre tenía una fortaleza envidiable. Tenía esa empatía y templanza para resolver situaciones difíciles que no cualquiera podría hacerlo. Me hubiese gustado tener una poquita de esa fortaleza en algún momento del día, pero con que ella estuviese cerca ya me la transmitía, la necesitaba a mi lado. A veces me sentía egoísta por hacer estas escapadas para no volverme loca dentro de la vida que el destino nos había dado, que no era fácil. También quiero puntualizar que en cada historia siempre había esa parte que mi madre arreglaba con su buen humor, con sus gestos y su buen hacer, con su música. Y para nosotros, el hecho de que ella estuviese cerca era sonrisa asegurada y tranquilidad.

Los papelitos
(Inmaculada)

Los sábados, como en la mayoría de las casas, era el día de limpieza a fondo y para ello hacíamos papelitos con los oficios: cocina, baños, dormitorio 1, dormitorio 2…, y así hasta completar estancias. Lo único que no nos gustaba y todas huíamos era de la cocina. Intentábamos negociarla, a lo que mi madre decía: «¡Venga, que ya la hago yo!».

Normalmente, después de la limpieza, que terminábamos después de almorzar la mayoría de las veces porque no nos gustaba madrugar para limpiar, nos poníamos la música en la habitación, para decidir qué nos poníamos esa noche para salir y comenzar a arreglarnos con unas cervecitas, buena música y unos cigarritos. A mi madre le encantaba vernos a las cuatro juntas y contentas, cómo nos arreglábamos para salir y ver lo bien que nos llevábamos y lo felices que éramos en ese momento.

Las amigas normalmente llegaban a la hora de arreglarnos y ya se quedaban hasta salir, pues eso de cambiarnos ropa nos encantaba y nos lo pasábamos de lujo.

El tiempo se nos hacía muy corto y pensamos que se podían venir a comer y ayudarnos con las tareas de la casa, así que cuando ellas se levantaban hacían la mochila para salir de camino a nuestra casa. A mi madre no le importaba verla siempre llena de gente, y más si eran amigas de sus hijas: Laura, Inma, M.ª Ola… y todas las que querían apuntarse ese día para arreglarse en mi casa. Laura era fija, parecía que le estaba tomando gusto a eso de que repartiésemos papelitos. Cuando llegaba, nos pillaba preparándolos y también participaba. Decía que parecía casualidad, pero nos reíamos muchísimo limpiando, y la satisfacción de terminar, verlo todo tan limpio, saber que nos íbamos de *fiestuki* con las amigas y que estábamos todas juntas en mi habitación; mi madre feliz y mi abuela también, y unos vecinos gruñones que pensaban que salíamos demasiado. Como decía mi madre, todos tienen hijos, que cada uno eduque a los suyos como mejor le parezca, pero ella no iba a limitar nuestra felicidad. Y si el salir con las amigas formaba parte de ella, no lo iba a impedir.

Sinceramente, la forma en la que nos educó mi madre no era convencional. Cuando las amigas nos decían que tenían normas algo estrictas en sus casas, me recordaba al colegio de las monjas y nunca entendí a las madres de las amigas que no las dejaban salir por miedo a que le pasara algo. Conocimos a más de una vecina que, sin salir de fiesta, terminó embarazada. ¿Cómo lo hacían? Nunca lo entendí, pero lo cierto es que con nosotras mamá podía estar tranquila, pues la teníamos informada si llegábamos tarde; siempre encontrábamos una cabina de teléfono para llamarla y avisar de que todo iba bien.

Nuestro primer piso
(Inmaculada)

Tenía 17 años cuando me contrataron en el Burger King. Mi hermana Ana vio un anuncio en el que se necesitaban cantantes para una orquesta y me lo dijo: «Inma, es tu oportunidad». Me presenté al *casting* acompañada de mi hermana. El chico que me hizo la prueba no le quitaba ojo a mi hermana y le insinuó si quería trabajar también en la orquesta. Mi hermana le dijo que cantar no era lo suyo, que ella le daba más al teatro, y el chico dijo: «Pues contratada». Las dos nos quedamos mirándonos muertas de la risa y mi hermana Ana, al salir de allí, me decía: «No seré capaz de subirme a un escenario, qué vergüenza. ¿Cómo puedo haber aceptado esa oferta?». La tranquilicé y le dije que seguramente ella haría los coros y escenificaría alguna canción divertida, que estuviese tranquila, que todo iba a salir bien. Así que trabajaba en el Burger King y ensayaba con mi hermana en un local con los músicos de la orquesta para poder comenzar pronto la temporada de verbenas y ferias. Fue una época genial, disfrutábamos con lo que hacíamos, se ganaba mucho dinero con la música y estábamos contratadas, que era lo importante. En temporada alta de música tuve que dejar el Burger King porque no podía combinar las dos cosas.

Mi hermana Ana y yo gastábamos muchísimo en ropa. Nos gustaba estrenar y como teníamos que salir a elegir modelito junto con la compañera, la otra vocal del grupo, aprovechábamos y nos comprábamos algo para nosotras. La ropa siempre corría de nuestra cuenta, no la pagaba la orquesta, pero puedo asegurar que ganábamos para eso y más.

Las noches también empezaron a hacerse amigas nuestras y las fiestas formaban parte de nuestro día a día. Mi hermana Carmen se dedicaba a estudiar. Se quedó parada en la oficina donde trabajaba y decidió retomar los estudios, por lo que los horarios en casa estaban «trucados» para todos. Cuando ella se levantaba, nosotras llegábamos y cuando ella tenía que estudiar, estábamos con la música arreglándonos para salir. La verdad es que era estresante, pero nos soportábamos.

Después de un año trabajando en la orquesta y viendo cómo derrochábamos ese dinero tan necesario en ocasiones, decidí proponerle a Ana comprar un piso las dos juntas. Estuvo de acuerdo y buscamos muchísimo por todas las inmobiliarias. Pasaron unos meses cuando dimos con uno ideal, al menos nos cuadraba en situación y precio.

Mi madre y la abuela se pusieron muy contentas cuando lo vieron: era un cuarto sin ascensor, pero ellas eran fuertes y subían y bajaban las veces que hicieran falta. Después de limpiar el piso parecía otro, mejorando notablemente. Estaba sin amueblar, solo con la cocina, lo que agradecimos porque estaba muy bien cuidada. Ellas disfrutaban limpiando y averiguando, y a nosotras no nos importaba. «Lo primero que me voy a traer son unos colchones de casa, mamá», le dije. Y ella dijo: «Claro que sí, y unas sábanas». Eso fue lo primero que entró en nuestra casa: dos colchones y sábanas para dormir. Estábamos de lujo, en el suelo con nuestros colchones y oliendo a limpio.

Pobres vecinos. Nuestras amigas pasaban días enteros allí con nosotras, con la música puesta desde que nos levantábamos. Incluso recuerdo haberle dado llaves a las tres que estaban todo el día allí metidas para que no nos levantasen, porque llamaban y había días que estábamos aún dormidas. Laura, Mariajo, Inmaculada… Esas tres eran de diario; las demás, de fin de semana. Mi madre y mi abuela, fijas de todos los días también, por lo que también tenían llaves.

Mamá y la abuela eran las que organizaban. Llegaron los muebles y ellas eran las que estaban allí diciendo esto por aquí o por allí. Cuando llegaba algún vecino ellas lo atendían, cuando llegaba alguna amiga o amigo y estábamos acostadas, los invitaban a tomarse algo mientras yo me levantaba y ellas hacían de comer. Muchas veces les decía a mis hermanos que se viniesen a comer a nuestra casa, e incluso celebramos las Navidades ese año en nuestro piso.

Nos encantaba el barrio de Levante, la gente, los vecinos. Aunque protestaban, nos llevábamos bien, y mis amigas y amigos venían más confiados a nuestra casa, sin pensar si molestaban o no, pues era nuestra y no dependíamos de nadie.

Yo empecé a salir con un chico, nada formal, era más bien un tonteo, pero el tonteo se complicó, porque me quedé embarazada.

Año 2000, año de muchos cambios. No dije nada en casa porque tenía claro que quería abortar. La mala suerte es que me enteré tarde y no podía abortar por mi avance gestacional, así que hablé con el padre de la criatura, que me dijo que no estaba preparado para formar una familia. Le dije que yo tampoco, pero que teníamos que solucionar el problema. Estuvo conmigo hasta el parto y le dio sus apellidos a mi hija, pero después lo dejamos y empezamos con el régimen de visitas. Él no estaba preparado para formar una familia, pero sí quería régimen de visitas para ver a su hija, a la que le puse de nombre Carmen. Se lo debía a mi madre. Para mí era mi vida, la mujer más importante y sin ella no podría vivir, sin duda. Aunque me fuese de casa, ella siempre estaba a mi lado, velando por mí.

Tenía que volver cuanto antes al trabajo y necesitaba buscar algo, pues estando embarazada me tuve que retirar de las orquestas. Así que eché un currículum en el Eroski para trabajar y la verdad es que estaba de suerte, pues me llamaron rápido y comencé a trabajar. Aun así, necesitaba buscarme algo para cantar, necesitaba cantar. Era mi vocación y el cuerpo me pedía cantar, aunque fuese en un cuarteto chiquito para poco, pero algo que me quitara esa ansiedad que tenía. Mi hermana Ana vio un anuncio en el periódico y sabía las ganas que tenía de volver a los escenarios. Así que llamó concertándome una cita junto con Laura, mi amiga, que fue su cómplice. Mi hermana me dijo: «Arréglate y ponte guapa, que vienen a recogerte para hacerte una prueba de canto». Yo estaba que no me lo creía, pues había hablado con alguien de otra orquesta y ya le había dado el sí, pero mi hermana insistió mucho y me dijo quién era. En el mundo de la música todos nos conocemos y sabemos cómo trabajamos, así que me gustó la idea de hacer la prueba con ellos. Estaba recién parida y poco favorecida, pero mi voz le impresionó al chico, que terminó contratándome. Yo ya no estaba con el padre de mi hija y el dueño de la orquesta la verdad es que estaba de buen ver, algo anticuado en su forma de vestir, pero nada que no se pudiera solucionar. Tardé poco tiempo en decirle que no le favorecían los pantalones tan altos o que no se abrochara tanto la camisa. Fue obediente y me hizo caso, pues al poco tiempo me conquistó y a día de hoy sigue siendo mi marido.

Sin Benalmádena
(Carmen)

1996. Ya empezaron a ponerse los pagos de cuotas extraordinarias muy elevados y mi madre no podía hacerles frente si no era alquilando el piso durante todo el verano. Yo le decía que era absurdo mantener un piso para alquilarlo y no poder disfrutarlo en verano, que era realmente cuando podíamos las que estábamos trabajando, cada vez que queríamos ir teníamos que alquilar algo cerca porque estaba alquilado el nuestro; absurdo, desde luego. Entonces se lo comenté: «Mamá, deberías plantearte venderlo, no lo estamos disfrutando». Mis hermanas se habían venido de allí, la verdad es que estuvieron unos seis meses, no más, y en invierno nos juntábamos también unos días allí. De hecho, pasamos unas Navidades juntos en el apartamento por quitarnos de la movida que había en Córdoba con mi padre y poder estar tranquilas, ya que después del incidente de los primeros días, cuando apareció en el apartamento y le pegó a mi madre, no volvió a aparecer, por lo que hacía que la estancia allí fuese más tranquila.

Mi madre habló con una amiga suya de lo que quería hacer y esta le dijo que su novio era mediador entre la inmobiliaria y el comprador. El señor se puso en contacto con mi madre de inmediato y en unos días salió un comprador. Sinceramente, no sé lo que acordaría mi madre con ellos en las primeras conversaciones, pero sí sé que mi madre le dijo que se pusiera en contacto conmigo para cerrar el trato. Cuando este señor me dijo el precio, yo me quedé extrañada. Le dije que ese no era el trato, pues no se podía vender más barato de lo que se compra, que había un error. A lo que él me dijo que era lo que mi madre había dicho desde un principio y que ya la familia tenía el dinero para entregárnoslo. «Pero bueno —dije—, ¿cómo es posible que en tan poco tiempo haya dado lugar a todo eso?, ¿hay algo firmado por parte de mi madre?». Y él me dijo que no, pero que era un contrato verbal con la misma valía.

Hablé con mi madre y ella me decía que no recordaba exactamente lo que acordó con él, pues le estaba haciendo un lío con tantas preguntas y ella a todo decía que sí. Este señor vio que era un chollo, una ganga de precio y lo había podido colocar muy rápido. «¿Ahora qué hacemos?». Hablé con mi novio, que algo de esto sabía, pero él me decía que el contrato verbal tenía valía y más si por parte del comprador estaba el corredor como testigo, y en este caso era así. Por la parte vendedora no había testigos de lo que dijo mi madre, así que tuvimos que ceder; lo único que quería mi madre era que no tuviese que poner dinero encima. Por suerte, no tuvo que poner dinero, pero tampoco ganó nada; se quedó la cosa, como se suele decir, lo comido por lo servido. Pero al menos se relajó de tener que pagar deudas de comunidad que nunca acababan.

Aquí vemos una clara imagen de que el dinero a mi madre no le importaba. Solo quería la tranquilidad para todos y que no existiesen las deudas, siempre intentando no dejar nada pendiente a pagar por si algún día le pasaba algo. Eso sí, sin nada para repartir, pues ella decía que el dinero traía enfados y problemas y que había que gastarlo en vida.

La timaron, está clarísimo, y se rieron de ella, pero nunca le recriminó nada a nadie, se hizo y ya está. Ella seguía siendo la amiga de su amiga y tan feliz. Ella era así, con ese corazón sin espacio para el rencor o el odio, todo amor, y esas cosas son las que enseñaba y son las que hemos aprendido y vivido. Gracias, mamá, por haberme hecho feliz con solo tenerte cerca.

Noticias diferentes
(Ángela)

En diciembre de 1997, mi hermano David y yo nos encontrábamos muy mal, con vómitos y diarreas. Mi madre, en esa situación, no podía llevarnos al médico y llamó al ambulatorio para ver si podía venir un médico a vernos a casa. Antes del mediodía vino el doctor y le dijo a mi madre que tenía toda la pinta de ser salmonelosis y que iba a llamar a una ambulancia para que nos llevasen al hospital. Mi madre llamó a Manuel, mi novio, para decirle que nos llevaban al hospital y él, cuando terminó el turno del mediodía, se pasó por allí. Mi hermano David y yo, como pudimos, bajamos las escaleras y nos subimos a la ambulancia camino del hospital. Nos atendieron a los dos juntos en la misma consulta, a los dos nos auscultaron y me dijeron: «Ángela, te vamos a trasladar a ginecología». Yo me extrañé, pues no sabía por qué. Pensé que me iban a hacer alguna prueba más específica, pero la sorpresa me la llevé cuando, estando en maternidad y tras una prueba de orina, me dijeron: «Estás embarazada». En ese momento no dije nada, pues no me esperaba la noticia, pero mi madre estaba feliz: «Muy bien hija, que todo sea eso». Mi hermano ya había salido porque descartaron la salmonelosis y le pusieron dieta blanda, y lo mío, por lo visto, era normal del embarazo. Mi madre, que entró conmigo, estaba contentísima. Al salir nos encontramos con Manuel, que estaba al cuidado de mi hermano, y mi madre loca de contenta: «Manu, que vais a ser papás». Manuel se quedó como yo, paralizado.

Camino de casa, mi madre estaba feliz. Para ella, mientras que no presentáramos ninguna enfermedad preocupante, el estar embarazada era un regalo, y yo aún sin podérmelo creer y pensando qué pasaría después de esto. Al llegar a casa, todos estaban esperando para ver qué nos había dicho el médico y mamá decía: «David que esté en reposo y Ángela embarazada. Ya me va a hacer abuela y a ti, bisabuela», le decía a la abuela. Esta se reía, otra que se tomaba las cosas con alegría. Eran únicas, si se reía una, la otra también; si una lloraba, la otra también; si a una le parecía bien la idea, a la otra también, y así todo...

Manuel y yo llevábamos cuatro años juntos, por lo que ya, al menos, nos conocíamos un poco. Cuando nos dejó en casa, se despidió diciéndome: «Ahora me toca decírselo a mi madre. Luego hablamos», y se fue. Al día siguiente, me dijo que su obligación sería casarse antes de que se notase el bulto. «Menuda idiotez», pensé, qué importancia tenía una barriga, tanto esconder una cosa que ya la gente sabía, pero eran costumbres y había que respetarlas a mi pesar. Así que corriendo buscamos y compramos piso para que todo pareciera que lo habíamos hecho con tiempo. Mentalidad de otra época, pensé, pero me adapté a ellos.

Mi hermana Carmen fue de gran ayuda, pues me ayudó con los preparativos de la boda, y mi madre feliz, pero sin dinero para trajes, nos dijo: «Sin problema. Vamos a alquilarlos». Y nos presentamos en una tienda que había en el centro donde alquilaban trajes de novia, de madrina y de fiesta, y de allí salimos todos con nuestros trajes, hasta mis hermanos se iban a vestir ese día de guapos para mi boda. Mi madre no veía nunca ningún problema para solucionar algo. Ella siempre decía que el dinero no daba la felicidad, que uno es feliz con un mendrugo de pan y un poco de leche para migarlo. Y era verdad, con todas las necesidades que ella había pasado y nunca le faltó una sonrisa, jamás protestaba, jamás le dolía nada, por mucho que así fuese, y todo por no preocuparnos y hacernos ver que la felicidad está en cómo veas la vida. Tenía más razón que un santo, cualquier persona hubiese pedido un préstamo al banco para casar a su primera hija, pero ella no, ella se conformaba con poco y eso era lo que nos inculcaba y nos hacía ver, que con poco también es posible vivir.

Encontramos un pisito en Ciudad Jardín acorde a nuestras posibilidades. Por motivos de trabajo no pude acompañar al de la inmobiliaria, pero Manuel fue con mi hermana Carmen, que le dio el visto bueno. Lo cierto es que no nos podíamos permitir otra cosa, aunque mis gustos hubiesen sido diferentes. Era un piso interior con un saloncito muy pequeño, pero suficiente para apañarnos. Tenía tres dormitorios, que por ahí ya encontré algo de desahogo en espacio.

Ahora faltaba amueblarlo y el menaje. Mamá me compró algunos muebles a plazos y mi suegra me compró la otra mitad. Me faltaba el menaje, que me lo dio mi hermana Carmen. Ella siempre pedía para sus cumpleaños o santos algo para el ajuar. Siempre me pareció muy anticuado, pues nunca tuve pensamientos de casarme, pero por lo que se ve, ella sí los tenía y seguro que en aquella época ya había reunido para dos casas, así que a mí me vino de lujo la partición de su ajuar.

Todavía no me creía que me iba a casar, aún no estaba convencida, y una semana antes de la boda, sentadas a la mesa con Carmen, mamá y la abuela, les decía que vaya tontería el tenerse que casar para tapar un bulto. Aún no lo veía, pero Carmen le quitó importancia a mi preocupación y me dijo: «Vamos, que tenemos que cuadrar las mesas. Ángela, ya está decidido y organizar una boda en dos meses ha sido todo un récord, no te puedes arrepentir». Mi madre dijo: «Y si se arrepiente no pasa nada, a su casa se vienen ella y su niño». «Pues claro», dijo la abuela. Y todas echamos a reír por la cantidad de tonterías que imaginábamos una semana previa a una boda rápida.

El día de la boda, mi madre no tenía dinero para que fuese por todo lo alto, pero para mí todo lo que hacía era de calidad. Llegó al mercado y compró varios ramos de claveles blancos y rosas para adornar la barandilla de la escalera, y alguna en casa para las fotos. Mi hermana Carmen ayudó a adornar la escalera, mis hermanas llegaban más tarde porque estaban en su piso arreglándose. Ellas vivían en otro sitio las dos juntas, pero llegaron a última hora para ayudar.

Para mi madre se casaba su primera hija y ella estaba más emocionada que yo. Les dijo a los vecinos que los claveles, una vez que saliese yo por el portal, los podían coger para sus casas como regalo. El día de antes, todas las vecinas ayudaron a la limpieza de la escalera y el portal para la novia. Eso solo se hace en los barrios humildes como era el mío; pobres pero con corazón. Y mi madre, como ya hemos hablado en historias anteriores, era muy espacial para todos y la querían con locura.

Pues sí, me casé, y la verdad es que desperté al día siguiente sabiendo lo que había hecho, pero ese día estaba en una nube.

Si no hubiese sido por mi familia, no sé cómo se hubiese organizado. Gracias, mamá. Gracias, abuela. Gracias, Carmen. Habéis sido todo para mí. Os necesitaba y ahí estabais. Gracias por ser como sois y por haber existido en mi vida.

Otro accidente
(Carmen)

Mayo de 1998. Mamá estaba algo regular de dinero para pintar el piso ese año, aunque le hacía falta y bastante. Entonces decidió que podríamos fregar las paredes desde arriba para así disimular un poco y aguantar un año más. Mi casa se convirtió en una locura. Nos metimos de dos en dos en cada habitación y comenzamos a sacar al pasillo todo aquello que pudiera molestar dentro para hacer una limpieza super a fondo.

Mamá decidió meterse en el baño. Nos dijo que iba con la escalera a limpiar los azulejos de la parte alta y le dijimos que nos dejara la escalera, no se fuese a caer. Estaba muy ágil, quizás más que alguna de nosotras, pero teníamos miedo a que se cayera y le pasara algo. La dejamos que actuase como ella quisiera; cuando ella quería limpiar, se cegaba y no le importaban los peligros. Nosotras seguíamos limpiando y la abuela ese día dijo que se encargaba de hacer la comida; a ella le gustaba mucho la cocina y la verdad es que lo hacía de lujo, era una excelente cocinera.

De repente, oímos un golpe duro y sordo que venía del baño y echamos todas a correr. A mi madre, que no llegaba a los azulejos que estaban por encima de la bañera, no se le ocurrió otra cosa que meter la escalera dentro. Menos mal que solo metió las patas de delante. La escalera no aguantó y se abrió hasta caer mi madre sobre el mármol de la encimera del lavabo, dándose un fuerte golpe en el pecho. Cuando llegamos decía que no podía respirar, pero no se quejaba de nada más. Por más que la mirábamos, no vimos sangre por ningún lado, lo cual nos resultó extraño con el golpetazo que se dio. Después de observarla, llamamos a Urgencias para que la valorasen y enviasen una ambulancia, pues no queríamos ni que se moviese. No sabíamos el daño que podía tener y no queríamos que empeorase.

La ambulancia llegó y, como teníamos todo por medio, apenas había espacio para que pudieran llegar al baño. La valoraron allí mismo y se la llevaron en la camilla para hacerle una placa en el hospital. Les dije a mis hermanas que fuesen ellas a acompañar a mamá y yo me quedé en casa con la abuela, para recoger y terminar de colocar las cosas en su sitio, que también era preciso hacerlo para que fuese cómoda su llegada.

Mis hermanas llamaron por teléfono y me dijeron que en la primera valoración, después de haberle hecho la placa, vieron que tenía el esternón roto y que se tendría que quedar en observación unos días. Les dije: «Si queréis, cuando le den habitación, os venís y ya me quedo yo esta noche». Y así lo hicimos.

A los dos días le dieron el alta, vieron que no había provocado ningún daño más y la mandaron a casa en reposo y soplando un tubito que hacía subir unas bolitas, esa era la cura. Los médicos nos dijeron que no la estresáramos y que estuviese lo más relajada posible. Evitamos por todos los medios que cogiese el teléfono y que recibiera alguna noticia de mal gusto. Cuando llamaba mi padre para insultar y amenazar, le colgábamos sin respuesta o inventábamos que se había confundido para evitar que preguntase.

Pobrecilla mi madre, quería reírse y no podía. Cuando recordábamos cómo había ocurrido la caída, le daba la risa y decía: «Que no puedo reírme y me voy a mear», pero terminábamos todos muertos de la risa. «Eso sí —le decía—, mamá, la casa está limpísima». Y más se reía. Eran momentos de risas y dolor, pero podían más las risas y los buenos momentos que lo que pudiese dolerle.

Mis hermanos se hicieron mayores (Carmen)

Las llamadas cada vez eran más continuas. No sé cómo una persona podía vivir pegada a un teléfono, que justo estaba a cien metros de casa y se veía perfectamente por la ventana que era él el que estaba en la cabina y llamando a mi casa. El problema es que nos dejaba incomunicados, pues, aunque tú colgases, él no lo hacía, se quedaba ahí hasta que se le agotaba el dinero. Levantabas el teléfono para llamar y oías su respiración al otro lado. Era como una película de terror, así vivíamos.

En casa decidimos poner un teléfono con grabadora para poder llevar las cintas al juez, pues las conversaciones no eran del agrado de ningún oído y ahí se demostraba el miedo que vivíamos todos los días.

En el siguiente juicio, en nuestra cita con el letrado para prepararlo, ya se iban a juzgar varias denuncias juntas y decidimos llevarle las cintas. Él, muy amable, nos dijo que no podíamos llevar pruebas porque, en primer lugar, no había medios para escucharlo y, en segundo lugar, no se había hablado nada de que existiesen ese tipo de pruebas y el juez las iba a desestimar. Yo, muy impulsiva, le dije que si no tenían cómo escucharlas le traía el teléfono para que lo pudiesen hacer, pero él nos negaba con la cabeza y con cara de «lo siento». La verdad es que si no tenían pruebas es porque no querían.

En este juicio, por el año 1999, después de tantos años luchando y atemorizadas, el juez decidió ponerle una orden de alejamiento. No recuerdo muy bien si era de trescientos metros. Le dije a mi madre que al menos sabía que no se podía acercar y, si lo hacía, podíamos llamar a la policía por saltarse la sentencia. Al salir del juzgado, lo miré y le dije: «Trescientos metros. La cabina está a cien, cuidado con las distancias». Considero que lo amenacé, pero en algún momento mi pensamiento era matarlo, y no me arrepiento de haber tenido ese pensamiento. Pues la vida llena de miedos que teníamos era por culpa de su cabeza enferma y realmente no me importaba que a mí me pudiese hacer algo, pero sí temía por mi madre.

Los primeros días después del juicio todo marchaba bien, no hubo ningún incidente. A los pocos días, en una ocasión en la que iba borracho, de las muchas, sonó el teléfono. Pensábamos que estaría a trescientos metros, pero cuál fue nuestra sorpresa que estaba en la cabina de la esquina, a solo cien metros. Por suerte, mis hermanos ya habían crecido y no eran de salir mucho. Normalmente estaban en casa o en el portal con algún amigo. Mi hermano David, el más pequeño, al enterarse de que estaba en la cabina de la esquina, bajó sin decir nada y, de repente, oímos al otro lado del teléfono: «Cuelga ahora mismo el teléfono». Enseguida supimos que era mi hermano y bajamos corriendo, pero él ya venía de vuelta. «¿Qué ha pasado, David?», le pregunté nerviosa, a lo que me contestó extrañamente tranquilo: «Nada, que cuando me ha visto y le he dicho que cuelgue el teléfono, lo ha hecho. También le he avisado de que como vuelva a llamar o a acercarse a mamá, lo mato, y se ha ido».

Cuando subimos a casa pensé que ya no teníamos que cuidar de los niños, como nosotras los llamábamos, sino que ellos perfectamente podían cuidar de nosotras, no nos doblaban en edad pero sí en altura y fuerza, y eso era una ventaja para frenar a mi padre.

Primer novio de mamá
(Inmaculada)

Invierno de 2000. Mamá salía con algunas amigas al baile que la animaban para que dejara de pensar en lo que le pudiese hacer el Demonio y que se divirtiese de alguna forma. Era un lugar donde los separados, viudos y solteros pasaban algunas tardes. Y allí conoció a Pepe, un señor con bigote, moreno y muy campechano.

A Pepe le deslumbró de mi madre la luz que desprendía, su alegría y su vitalidad. Eso era lo que él nos contaba cuando nos invitaba a su casa a tomar un café, aunque él era una persona poco bailona y prefería mirarla. A mi hermana Ana y a mí nos parecía un señor chapado a la antigua.

Pepe era un viudo que conoció solo a la mujer con la que se casó y que, por desgracia, se la arrebató una enfermedad sin freno. Sin hijos y acomodado económicamente, era la pareja ideal para muchas mujeres, educado, servicial y amable.

Con mis hermanos pasaba más tiempo que con nosotras. De hecho, mi hermana Carmen aún no lo conocía, pues mi madre se cuidaba mucho de las críticas de mi hermana hacia los desconocidos. Era algo desconfiada y no daba muchas oportunidades. Tal vez, las vivencias que hemos sufrido fuesen para ella más duras que para nosotras al ser la mayor y tener que apoyar más de cerca a mi madre. Seguro que los golpes fueron más duros para ella, psicológicamente hablando.

Mis hermanos decían que Pepe hablaba muy alto, pero que los trataba muy bien. Yo opinaba que era el hombre que necesitaba mi madre, pero mi madre no estaba muy por la labor de emparejarse con nadie. Quizás el estar con Pepe era por contentarnos y que estuviésemos tranquilas, porque ya tenía un hombre que la protegiese.

Pepe quería conocer a Carmen, estaba muy interesado en saber quién era la hija mayor con la que mi madre contaba siempre para dar un paso y propuso un almuerzo un sábado, en el que nos invitaba a todos a un restaurante modesto de barrio. Le dijimos a Carmen que no hiciera planes el sábado al mediodía, que íbamos con mamá a comer a un bar. Ella no es tonta y sabía para lo que era, pero no se negó y fuimos todos.

Pepe estaba muy cortado y mi madre muy nerviosa. La opinión de todas nosotras le importaba mucho a mi madre, pero la de Carmen era crucial. Comimos, reímos, contamos historias graciosas… A Pepe se le saltaban las lágrimas cuando nos veía sonreír. Él era feliz con esa situación familiar, pero el objetivo era conocer a Carmen, a quien, según nos contaba, veía como un ogro, y nos reíamos mucho cuando nos lo dijo. A Carmen le pareció un buen hombre y se lo dijo a mi madre.

Pero, realmente, la que no estaba muy convencida era mi madre. Decía que no tenía ganas de pareja y que Pepe no la llenaba. Le gustaba mucho estar tranquilo en casa sentado y arropado con las enagüillas en el brasero, y eso no es lo que ella buscaba. Y, finalmente, esa relación terminó, por supuesto, con mucho respeto.

Pero Pepe, a pesar de que mi madre no quería estar con él porque consideraba que no tenían la misma forma de pensar, seguía viéndola bailar, diciéndole cosas de amor y preocupándose. Pero para mi madre esa situación resultaba algo incómoda y decidió dejar de ir por los bailes una temporada.

Nuevas leyes
(Carmen)

Durante los años 1998 y 1999, las organizaciones de mujeres que trabajaban en el estudio de la violencia de género y en la atención a las víctimas plantean la necesidad de una ley integral contra este tipo de violencia. Su planteamiento es que se trata de un problema de Estado y que es necesario afrontarlo con políticas en todos los ámbitos.

En la campaña electoral de 2000, el presidente del Gobierno, José María Aznar, en aquel momento candidato del Partido Popular, se comprometió en una reunión con la Plataforma de Mujeres Artistas celebrada en el Palacio de la Moncloa el 9 de febrero de 2000, a poner en marcha una ley integral en caso de llegar a gobernar. Durante la campaña, en diversas ocasiones, también Javier Arenas asumió públicamente la propuesta.

En el mismo sentido se manifestó el PSOE, y así, el grupo parlamentario socialista presentó una moción en el mes de junio de ese año pidiendo al Gobierno que llevara a la Cámara una iniciativa legislativa en cumplimiento de este compromiso común. La moción fue rechazada.

El PSOE inició los trabajos de elaboración de una proposición de ley integral contra la violencia de género, en la que participaron personas expertas en el ámbito jurídico (penal, civil, procesal, laboral), así como en el sanitario y educativo, y sobre todo contó con las aportaciones de quienes, desde el movimiento de mujeres, llevaban años luchando contra la violencia de género.

Una ley integral resulta de especial interés, especialmente en dos aspectos fundamentales:

Por una parte, regular las medidas contra la violencia por Ley Orgánica significa que convertimos el vivir sin violencia en un derecho de las mujeres que el Estado tiene la obligación de cumplir. Significa que las personas tienen derecho a ser educadas en igualdad, que quienes atenten contra este derecho serán castigados, que las mujeres tienen derecho a su recuperación y a ser acogidas adecuadamente —por lo tanto, nunca puede pasar que no puedan acceder a una casa de acogida porque no hay plazas, como ocurre en la actualidad—, que tienen derecho a las ayudas económicas que regula la ley. Por lo tanto, nunca puede pasar que se acaben las ayudas porque no hay partida presupuestaria suficiente. Que tienen derecho a la atención adecuada y especializada por parte de policías, jueces, personal sanitario, etc.

Por otra parte, esta propuesta es importante porque es integral, es decir, afecta a todos los ámbitos que tienen que ver con la violencia de género, desde la prevención a la protección, a la atención sanitaria, social, laboral, etc., y además hace posible la coordinación judicial.

Es entonces cuando comienzan a hacer algo. Mi madre iba a las manifestaciones promovidas por las asociaciones de mujeres, encabezadas por Rosa Aguilar, quien entonces era alcaldesa de Córdoba. Pero eso sí, sin que le faltase una sonrisa en sus labios, pues para mi madre la vida era maravillosa. El problema era que ella había tenido mala suerte. Las personas eran maravillosas y los momentos eran maravillosos.

¿Cómo una persona que estaba sufriendo tanto y continuamente vigilada y perseguida por un maltratador puede transmitir esa felicidad, esa ternura y esas ganas de vivir? Nunca le faltaba una sonrisa o una canción en su boca, unas palabras bonitas y un sentimiento de amor en todo lo que hacía.

Ya digo que para ella la vida era maravillosa, nunca se arrepintió de nada, siempre caminaba de frente sin mirar atrás. «Lo que tenga que pasar, pasará —decía—. Y algún día moriré con las botas puestas», esa frase era muy de ella. Todavía la escucho en mi cabeza, a veces, cuando estoy muy cansada y he tenido un día agotador en el trabajo: con los niños, con las actividades o cursos de la tarde y con la casa. En esos días que nadie te agradece lo buena que está la comida o que esté el baño limpio, que para hacerlo te has levantado una hora antes de lo previsto y nadie se da cuenta. Esos días son los que recuerdo la frase de mi madre y ahora sé por qué la decía: «Un día moriré con las botas puestas». Estaba para todos y por todos, y pocos se lo agradecíamos, y yo me incluyo entre esos desagradecidos.

El destino nos separó
(Inmaculada)

Ana conoció a un chico con el que empezó a salir. Yo, por otra parte, trabajaba en la orquesta y tenía a mi hija Carmencita. La situación había cambiado para las dos.

Este chico que salía con mi hermana tenía un piso y mi hermana compartía piso conmigo. El chico trabajaba y mi hermana se quedó parada, con la mala suerte de que estuvo bastante tiempo sin encontrar nada. Querían irse a vivir juntos, por lo que pensaron vender sus propiedades y comprar algo para los dos.

Yo salía con Juanma y mi niña pasaba muchos días en casa de mamá, porque mi trabajo requería de una cuidadora de noche y de día. Juanma me decía que pasaba mucho tiempo sola desde que mi hermana se «ennovió» y que no le gustaba, por lo que me pidió que me fuese con mi madre hasta ver qué iba a pasar con Ana y el piso. Le hice caso y me fui una temporada con mamá, hasta que decidí mudarme con mi novio y mi hija a su casa.

Ana habló conmigo para decirme que quería vender el piso para comprar uno a medias con su novio. En aquel entonces yo tenía unos ahorros y le dije que el piso no se podía vender a la carrera. Le hice una oferta por su parte del piso y enseguida llegamos a un acuerdo, por lo que el piso pasó a ser mío por completo.

A mi madre siempre le parecían bien todas las decisiones que tomábamos. Solo nos pedía que pensásemos con cabeza cada paso que dábamos. También se llevaba bien con todos sus yernos, pero ¿quién no se iba a llevar bien con mi madre, si era todo amor? Es imposible no quererla. Quizás lo que más le dolió fue que mi hermana Ana se fuese a Mallorca, tan lejos.

Mi hermana Ana era y es una gran anfitriona, pasábamos muchos días en su casa. Mi hermana Carmen iba a echarle una mano con la mudanza y la limpieza. Yo iba con mamá y la abuela muchos días a su casa, y temíamos hacerlo porque no nos dejaba marchar.

Llegó el día de irse a Mallorca y nos dijo que cuidásemos del piso hasta que viniesen, pues pensaban que sería algo temporal. «Hija, tened cuidado de que no os engañen», le decía mi madre, pero mi hermana le decía: «Mamá, con esta pareja no creo que nos engañen. Él sabe lo que hace». Y se marchó con lágrimas en los ojos, no estábamos acostumbradas a estas separaciones tan extremas.

Al poco tiempo de estar en Mallorca, Ana decidió casarse, así que comenzamos la cuenta atrás para otra boda. Estando ellos en Córdoba de vacaciones, comenzamos a movernos para organizar algo más o menos en condiciones. Ese primer año se fueron con la fecha puesta de boda y pensando que, después de dos años, los trasladarían a los dos a Córdoba, que fue la propuesta hecha por la empresa.

Finalmente, no fue así. Nunca llegaba el día de venirse, por lo que mi madre y la abuela comenzaron a visitarles dos veces al año.

Mi madre se alegraba mucho de verla porque decía que tenían una vida social muy movida y las hacían partícipes de toda ella. Pero a la vez se entristecía porque nos contaba que estaba tan sola para todo que no se venía a gusto. «Ya le he hecho limpieza para unos meses —nos decía—. Tanto trabajar y tanta vida social y no tiene tiempo de hacer nada en su casa. Y el marido no le ayuda a nada». «Pero, mamá, son formas de vivir y ver la vida. Déjala si así es feliz. Ella, dentro del desorden, tiene su orden», le decía yo. Pero mi madre eso no lo veía.

Yo pasaba mucho tiempo con mi madre porque la necesitaba más que nunca; tenía que trabajar y con un bebé era complicado. Sabía que ella la cuidaría mejor que si fuese suya. Era su abuela y derrochaba amor, nunca decía que no, cuidaba a mis sobrinos a la vez y no le importaba. Todos trabajábamos y su casa era una guardería: Manuel, Ángel, Carmen y Cristina estaban casi a diario en casa de mi madre en sus carritos y tronas. Ella podía con todo.

El Rocío
(Inmaculada)

A mi madre le hacía ilusión ir al Rocío, pues ya la situación con el Demonio se había calmado y ella empezó a salir con más tranquilidad. Ya empezaba a vivir y yo estaba preparando mi boda. A mí también me apetecía ir, así que hablé con Juanma para organizarle una sorpresa.

Ella pasaba muchos días con la abuela en mi casa. Yo vivo en el campo, en una casa grande, y a ellas les gustaba venir a echarme una mano con el jardín y con la casa, pues sabían que no tenía mucho tiempo y así aprovechaban para pasar unos días en casa mientras que yo me iba a trabajar.

Yo me reía mucho con ellas, porque cuando se ponían a limpiar no paraban de reír y, muertas de la risa, se les saltaban las lágrimas y no veían lo que se dejaban atrás. Así que me tocaba ir detrás de ellas diciéndoles que se estaban dejando cosas sin hacer y que me tenían loca: «Mamá, dime por dónde vas que esto parece que no está limpio». A lo que me contestaban ellas que era una señora muy exigente y, de broma, acompañaban la frase con un: «¿Algo más manda la señora?». Me lo pasaba genial con ellas y me gustaba que viniesen a mi casa a echarme una mano, que tanta falta me hacía, pero no solo por la limpieza, que también, sobre todo era por su compañía.

Juanma ya había averiguado el viaje y me dijo que el fin de semana hiciéramos las maletas, que nos íbamos al Rocío. Mi madre aplaudía como una niña pequeña, ilusionada a más no poder.

La verdad es que solo una noche en el Rocío nos supo a poco, pero mi madre aprovechó para encender velas y pedir por todos, de uno en uno. Fue muy emocionante el verla tan ilusionada y feliz porque había ido a ver a la Virgen del Rocío y había pedido por todos. Siempre tuvo mucha fe y a positiva no le ganaba nadie. Para ella, todo iba a salir bien siempre.

Nos agradeció el haberla llevado al Rocío, pero yo le dije que no hacía falta que nos diese las gracias, solo me importaba verla feliz y saber que estaba bien, con solo eso me conformaba. Ya hacía bastante con cuidar de mi hija las veinticuatro horas del día como para agradecernos un viaje. Se merecía eso y más. Era mi tesoro, mi mano derecha, mi cielo. No podía vivir sin ella a mi lado y me encantaba cuando sonreía. Me gustaba verla feliz porque la vi muchos años llorar y merecía ser feliz.

La boda de Carmen
(Carmen)

Ya había terminado mis estudios, pero seguía trabajando y me gustaba mi trabajo. Tenía intención de seguir estudiando, pero no podía permitirme tantas cosas. Mi novio y yo ya nos habíamos comprado un piso para podernos casar y, aunque estaba en construcción, la fecha de entrega se aproximaba, por lo que ya después de ocho años de relación me apetecía casarme; me parecía aburrido tanto noviazgo. Por este motivo tuve que sacrificar el no poder seguir estudiando. Me puse a organizar una boda sola porque mi novio pasaba de esas cosas, y no me enfadé por ello, sabía que a él no le apetecía tanta parafernalia. Su intención era que nos juntásemos sin estar casados, a lo que yo me negué y, finalmente, me dijo que si quería casarme me encargara yo de todo, porque él no se iba a molestar en organizar algo en lo que no estaba de acuerdo. Y así lo hice, con la preocupación de que pudiese arrepentirse después de estar todo preparado. Incluso me dijo que el día de la boda lo llamase por teléfono cuando fuese a salir de la casa, que él no me iba a esperar. Imagínate si se me olvida con los nervios llamarlo. Creo que las novias lo pasamos peor con tanta preparación y con la cabeza puesta en otras cosas ese día. Pero lo llamé, no se me olvidó. «¡Ya voy!», le dije. Al salir de casa me esperaban mi hermana Ana y mi cuñado en un coche descapotable que les habían prestado unos conocidos. Era en el mes de junio, concretamente San Juan. Ese día hacía un calor espantoso y apetecía el airecito. Le dije: «Cuñado, no tengas prisa, que espere un ratito el novio». Me apetecía dejarlo esperar por haberme hecho pasar por toda una preparación yo sola, por haberme tenido toda la mañana pensando en que lo tenía que llamar y porque siempre era yo la que lo esperaba a él. Qué menos que sea él quien tenga que hacerlo tan solo un día, al menos, y qué mejor que en el altar, delante de todos los invitados. Mi boda fue flamenca, regalo de mi padrino, el tito Jaime, y la celebración amenizada por la orquesta Bossanova, regalo de mi hermana Inmaculada. Ella fue la vocalista de esta orquesta. ¡Menudo regalazo!, pues animó muchísimo.

Mi madre estaba feliz, otra hija que se casaba. Ella, al igual que la abuela, me decía que se me iba a pasar el arroz, que tenía que encargar un chiquillo pronto, pero yo, con 30 años recién cumplidos, no tenía ni pensamiento de encargar chiquillos. Quería viajar y disfrutar de mi matrimonio. Al principio fue algo complicada la convivencia, pero nos adaptamos, que creo que es lo que se suele hacer para no terminar una relación: adaptarse. Y lo digo, no fue fácil.

Echaba mucho de menos a mamá, y eso que la veía a diario y hablaba con ella dos o tres veces al día. Añoraba el despertar con el olor del café en la mesilla y el «venga, que llegas tarde» que me decía con cariño cuando me despertaba por las mañanas. La verdad es que me costaba trabajo levantarme, era muy dormilona; esas cositas las añoraba. Ahora el despertar era «apaga el despertador que me molestas y levántate, que vas a despertar a los vecinos», y a esas cositas menos dulces me tenía que ir adaptando. Yo siempre he dicho que salí de la cama de mi madre para meterme en la de mi marido, pero es que fue así literalmente, pues yo dormía con mi madre en la cama. Necesitaba escuchar su respiración, me relajaba al sentirla a ella relajada y, tal vez, he sido la que más carácter de las hermanas he tenido y quizás la que peor me he portado con ella, pues, en ocasiones, me he sentido tan desbordada de responsabilidad que he estallado y he hecho daño a quien no debía con mi actitud. No era fácil.

La tita Rufina se mudó cerca de mí y pasábamos mucho tiempo juntas. Íbamos casi a diario a ver a mamá y a la abuela, y ellas venían a mi casa a verme. Había días que venían al mediodía y las invitaba a una cervecilla, pues a las dos les gustaba —a la abuela, sin alcohol—. También les ponía algo de tapita para acompañar, pero ellas, preocupadas, me decían: «¡A ver si va a venir tu marido y se va a enfadar por vernos aquí comiéndonos sus cosas!». Yo me reía y les decía: «¡Pues que se enfade! Esto es lo que hay. Mamá, no todos los hombres son iguales. La vida ha cambiado y las personas se adaptan a las circunstancias si quieren estar con esa persona. Y si no se adapta, cada uno a su casa, ja, ja, ja, ja, ja», nos reíamos. Mi abuela comentaba mi abuela: «¿Y los niños?». «Abuela, yo no tengo prisa, hay tiempo de todo». «¡Se te va a pasar el arroz! Ya no tienes 20 años». A lo que yo le decía: «¡No, tengo 30 solo!». Pero no le daba importancia a esos comentarios.

La suerte es que vivía cerca de mamá y podíamos vernos a diario, eso me hacía sentirme segura. Y ella era feliz teniéndome cerca, pues solo le quedaba en casa mi hermano David, en una casa donde habíamos vivido ocho personas. Era una casa bulliciosa, en la que cada uno tenía sus historias y siempre llena de gente, con los perros abandonados que recogía mi hermana Ángela y mis hermanos de la calle. Una casa donde había cabida para todos: novias, novios, amigos, amigas y animales abandonados. Una casa que se quedó de repente tan tranquila. Las hermanas decidimos juntarnos en casa para hacer limpieza una vez por semana. Acordamos un día y nos juntábamos en casa de mamá con la excusa de limpiar a fondo algo. Cierto es que limpiábamos, pero también es cierto que lo que hacíamos era ponernos al día y disfrutar de la compañía de todas. Era un día de lo más entretenido, donde las risas no faltaban y los problemas que traíamos de nuestras casas se olvidaban al entrar por la puerta de mamá. Fue la mejor terapia que ninguna pudo tener.

Mallorca
(Inmaculada)

Ana se fue a trabajar a Mallorca en septiembre del año 2001 con su novio y desde entonces los viajes de mamá y la abuela fueron más largos.

Ellas nunca habían subido en un avión y este iba a ser su primer viaje a Mallorca y su primera aventura volando. Yo quise acompañarlas porque también tenía ganas de conocer Mallorca y volamos al año siguiente de su mudanza, para verla y pasar unos días con ella.

Cuando subieron al avión, las dos muertas de la risa de lo estrechos que eran los asientos, ya empezaban a decir cómo olía el de delante, o que a la de al lado le sonaba la respiración... Las dos se reían a no parar y se oía: «¡¡Abuela, que me meo!!». Y la abuela decía: «¡¡Y yo también!! Ja, ja, ja». Donde iban, buscaban diversión. Pero el remate fue cuando la azafata, con esos movimientos explicándoles cosas que le sonaban a chino. Se oían sus risas al fondo y, mientras, yo aguantando la mía.

Ana y su marido siempre fueron muy serviciales, en su casa nunca nos faltaba de nada y nos sentíamos cómodos. Mamá era sus pies y sus manos, y la abuela también. Siempre buscaban quedarse en la casa para limpiársela a fondo y organizarle las cosas; ellas disfrutaban limpiando y organizando. Ana estaba encantada, porque por el trabajo tenía poco tiempo para limpiar y mucha vida social.

A mamá no le gustaba que le organizara el día viendo museos que ella no iba a entender. Prefería pasear por el barrio y tomarse tranquilamente una cervecita en el bar o ir a alguna playa bonita de las que tienen chiringuito, si era con música, mejor, pues disfrutaba con la música.

Disfrutaban ella y la abuela viajando. Por eso los viajes a Mallorca, mientras que duró la estancia de Ana allí, fueron constantes, y ya se atrevían a irse solas; no faltaron ningún año. Puedo asegurar que disfrutaban de ellos, pues ya allí se había hecho su grupo de amigas y amigos y todos la conocían. Hacía ruido por donde iba y no podía pasar desapercibida. Era única, divertida y con un corazón muy grande. Esa es mi madre.

Las ocho horas más largas mi vida (Carmen)

Mamá tenía un problema en las glándulas salivares y el cirujano, en la última revisión, decidió que eso ya había que operarlo, así que le dio fecha para el ingreso. La operación consistía en quitarle las glándulas en ambos lados, pues se le formaban quistes y la única solución era quitarlas.

Ingresó dos días antes de la operación; no entendimos por qué tanta preparación, pero así lo decidió el doctor. A las 8 de la mañana, la bajaron a quirófano y nos dijeron que serían cuatro horas con cada lado y que la operación la iban a realizar dos médicos diferentes, uno en cada lado. Por la mañana le hicieron una parte y la otra después. Ocho horas de operación que llegaron a ser doce y después la recuperación. El día más largo no pudo ser. Llegaban más familiares y allí en los pasillos de quirófano no nos pudimos juntar más gente. Con el paso de las horas, los nervios eran cada vez mayores y, cuando salían para avisar a los familiares de los enfermos que subían a las habitaciones, saltábamos como un resorte para asomarnos. Pero parecía que se habían olvidado de nosotros, que nuestro turno nunca iba a llegar. Llegó un momento en que nos quedamos solos en la sala de espera; se acabaron los pacientes, solo quedaba mamá. Estábamos tantas personas que los pasillos estaban llenos de familiares y amigos esperando una noticia. Daban las once de la noche cuando salió una enfermera a nombrar a los familiares de Carmen. Cuando vio a tanta gente, la sorpresa se reflejó en su rostro y preguntó por los familiares más cercanos. Nos acercamos los hermanos y la enfermera nos dijo que entrásemos a hablar con el médico solo dos de nosotras. Entramos mi tita Rufina y yo por decisión de mis hermanas. El médico nos dijo que la operación había sido difícil y larga, y que por ello la recuperación sería igual. Nos aconsejaba que solo la viésemos dos o tres y fue a preguntarle a mi madre a quién quería ver, para que fuese ella la que decidiera. El doctor nos pidió que esperásemos fuera mientras hablaba con mi madre y nosotras salimos para contarles a todos lo que nos había dicho, después de darle las gracias por todo.

La enfermera volvió a salir y dijo que Carmen quería ver a todos sus hijos, pero que, como éramos demasiados, debíamos hacer dos grupos para que no se fatigase. Mi abuela, mis tíos y mis primos también querían entrar, pero mi madre decidió que fuéramos solo los hijos, al menos por el momento. La vimos muy debilitada, sin fuerzas, y nos impresionó verla así. No queríamos llorar, pero los ojos nos delataban a las cuatro que entramos en un primer turno. Le dijimos que estaba toda la familia fuera esperando noticias y que su amiga Manoli de Galerías, como la llamábamos, acababa de llegar. Mamá nos dijo que estaba muy cansada y quería volver pronto a la normalidad. Llegó la enfermera para decirnos que tenían que pasar los siguientes. Después de esperar más de quince horas para verla, esos dos minutos que estuvimos con ella se me hicieron cortísimos. Se me escapó un «¿Ya?». No me quería separar de ella, pero también tenían que entrar mis hermanos. La familia estaba esperando que le contásemos algo. Rompí a llorar. Quizás de alegría por haber visto que estaba bien, del cansancio y los nervios de todo el día allí o por haberla visto tan debilitada. No sé por qué lloraba en ese momento, pero lloraba. Manoli se impresionó al vernos allí a todos y nos decía que se alegraba mucho de que mi madre tuviese esa familia tan grande y estupenda, que se notaba cómo la querían y se preocupaban por ella, que ya se pasaría a verla en la habitación. Le expliqué lo que nos había dicho el médico y se marchó diciendo que vendría al día siguiente para verla. Se marcharon todos y yo me quedé esa noche en la habitación, pues la enfermera nos dijo que sería conveniente que nos quedásemos uno porque sería la forma más rápida de avisarnos por si pasaba algo. Dios no quiso que pasara nada. Pasó la noche tranquila y por la mañana la subieron a la habitación.

Otra cosa más vivida, otra situación dolorosa pero con un final feliz. A los pocos días, siguiendo unas recomendaciones del doctor, le dieron el alta y se fue con las grapas a casa, donde tenía que curarse a diario hasta su retirada en el centro de salud.

Yo iba todos los días a ponerle la cena y a curarla, pues la abuela no hacía mucho que se había partido la cadera y estaba delicadilla, así que decidí hacerle cena y dieta. A ellas les gustaba mucho el pan, pero se lo retiré de su dieta nocturna y se reían cuando me veían aparecer por la puerta de la salita con la bandeja: «¿Pero eso nada más vamos a comer? Ja, ja, ja». «Abuela, esta nena nos va a matar de hambre». Y las dos se reían. Cuando llamaban mis hermanas, mi madre les contaba que pasaban mucha hambre de noche y mis hermanas me decían que les pusiera de comer. Empezaron a llamarme «la de una rodaja en el bocata», porque era muy pobre para la comida, pero lo hacía porque a mí me gustaban así, no por no ponerle más. No me quedó más remedio y tuve que cambiar el menú por las malas críticas. Todos los días me decían lo mismo las dos, madre y abuela: «¡No hace falta que vengas, ya nos apañamos! Que tú tienes tu casa y tu marido». Y yo les decía: «¿Y qué? Eso no impide que yo cuide de los míos. A él no le importa». Pero ellas seguían pensando que los maridos se podían molestar por que saliésemos a deshoras de casa. Lo importante es que mi madre no perdía el ánimo ni las ganas de vivir, por muchas cosas que le pasaran. Ella siempre le buscaba el lado positivo a la vida.

Vacaciones con mamá y abuela
(Inmaculada)

Yo estaba muy agradecida de todo lo que hacía mamá por mi niña. Prácticamente vivía con ella más que conmigo, pues en época de verbenas y bodas mi pareja y yo no parábamos de trabajar, por lo que la ayuda de mi madre era vital para mí. Además, ¿con quién podría estar mi hija mejor que con ella? Me ayudaba no solo con la niña, además sabía que estando ella a mi lado todo iría bien.

Siempre confiaba en ella y no le puse limitaciones con mi hija; donde ha querido se la ha llevado y lo que ella consideraba que tenía que comer estaba bien. ¿Qué más se podía pedir? No podía exigirle, era mis pies y mis manos.

En verano siempre reservábamos una semana en la que no cogíamos ninguna gala para podernos ir a la playa. Este año, en concreto, mi madre había salido de una operación de glándulas complicada y la abuela se había roto la cadera, por lo que el año había sido bastante complicado.

Reservamos un pisito en Estepona, Málaga, con una gran terraza, y decidimos que tanto la abuela como mamá se viniesen con nosotros. Ellas disfrutaban en la playa y comer en los bares les encantaba, y así lo hicimos.

Mi madre estando en la playa era feliz y yo disfrutaba viéndola sonreír, correr detrás de la niña, echarnos agua como una adolescente que pisa por primera vez la playa. Era la persona más divertida del mundo, mientras que la abuela pasaba el día con la silla metida en la orilla, echándose agua en las piernas y riéndose de las cosas de mi madre, porque a ella le divertían más que a un niño pequeño.

«Niña, que nos vamos a deshidratar. Vamos a tomarnos ya una cervecita». Cuando me decía esto, yo me reía porque pensaba igual que ella, así que dicho y hecho. Recogíamos las cosas y a tapear un poquito. A mi madre y a mi abuela todo les parecía caro y les daba vergüenza pedir, pero yo les decía: «¿Vosotras vais a pagar? ¿No, verdad? Pues pedid lo que os apetezca». Pero siempre eran tan prudentes, que con unos boqueroncitos se apañaban. Yo era feliz al verlas a las dos cómo disfrutaban y esas cosas son con las que me quedo.

A mamá le pasa algo
(Carmen)

En septiembre, para el puente de la Fuensanta, me fui al piso de la playa con mi madre unos días. El mayor de mis hijos tenía dos años y el pequeño, uno. Tuvimos la mala suerte de que la primera noche el pequeño —ya comenzaba a andar sujetándose— se cayó, haciéndose daño en un brazo. Ante nuestro desconocimiento, decidimos ir al hospital para que lo viese un médico y dejamos a mi madre con el mayor de dos años. Me llamó estando en el hospital y me dijo: «Carmen, ven rápido porque tu hijo me está pegando». No sabía cómo encajar eso, pero ya empecé a preocuparme. Cuando llegué a casa, mi madre y el niño estaban bien, pero seguía diciéndome que era muy malo, que le estaba pegando. Jamás había oído en boca de mi madre esas palabras y, sinceramente, mi mayor era un bendito. No podía ni tan siquiera imaginarme lo que decía, porque no lo veía.

Esa noche se fue a la cama pronto, pero a las tres de la madrugada, noté jaleo en el baño y me desperté. Me asomé sigilosa y le dije: «¿Mamá, qué haces?». Ella me dijo: «Pues nada, ¿no lo ves? Pintándome las uñas». Ella sabía perfectamente dónde estaban todas las cosas, porque venía mucho conmigo a la playa y durante el año también iba sola con alguna amiga para pasar el fin de semana, con lo que mi casa era suya. Y, efectivamente, allí estaba pintándose las uñas, con el pintauñas derramado por el suelo. No le dije nada porque empezó a preocuparme su actitud.

«Mamá, acuéstate que los niños se van a despertar y mañana te las retoco yo», le dije. Y se fue a la cama.

Al día siguiente la noté un poco más centrada. Me dijo: «Niña, tenía cita para Ginecología hoy y al final no he ido». Le dije que no se preocupara, que ya llamaríamos para pedir otra, y nos bajamos a la playa. Hacía un día espectacular de sol y buena temperatura. A ella se le hinchaban las varices de las piernas, pero cuando andaba se le bajaba la inflamación, así que le recomendé que se diese un paseíto por la orilla mientras yo estaba con los niños jugando en la arena, ya que, finalmente, lo del pequeño no fue nada y actuaba con normalidad.

Mamá se fue con su botella de agua a dar un paseo y, cuando llegó, la traía vacía. Necesitaba más agua, decía de forma ansiosa. Le dije que se llegara a la tiendecilla a comprar una grande y así se la rellenaba cada vez que le hiciera falta, y así lo hizo. Volvió con una bolsa de pipas y agua, a lo que le dije: «Mamá, las pipas te van a dar más sed». Pero ella hizo oídos sordos, parecía que le habían dado cuerda comiendo pipas. A excepción de esta situación del agua y las pipas, el día pasó con normalidad, aunque había momentos que no me cuadraba lo que me decía.

Yo hablaba con mis hermanas a diario y les comenté la situación. Inmaculada era la que iba con ella a los médicos siempre y me dijo que había pedido cita para el neurólogo, pues tenía episodios de olvido. Ella se lo había comentado al médico de cabecera y la derivó al neurólogo, porque posiblemente fuese demencia senil precoz. Yo mostraba preocupación ante mis hermanas y les propuse sacarle un billete a Mallorca para ver a Ana, que siempre con ella parecía que estaba mejor y la entendía, y también para ver lo que ella opinaba. Lo mismo era un poco de depresión, ahora que ya llevaba dos años que no la molestaba mi padre, pensé que esa relajación había dado ese efecto. Hablamos con Ana y ella estaba encantada, pues tenía un niño con tres añitos y le venía muy bien cuando llegaba mi madre. Les compré los billetes a las dos, porque siempre iba con la abuela de viaje. Siempre las dos juntas, porque a la abuela le gustaba mucho viajar y más si era para ver a Ana; era su favorita.

Llegada de mamá y la abuela
(Ana)

Mallorca, octubre de 2007. Mamá y la abuela llegaron al aeropuerto. Necesitaba verlas, estar con ellas y comprobar lo que realmente mis hermanas pensaban. Habíamos acordado que yo tenía que animarla.

Al saludarnos, la abuela me comentó que mi madre había olvidado en el autobús una bolsa donde traía los medicamentos y unos papeles del médico. Siempre que iba de viaje tenía que llevar los medicamentos. Llevaba el informe de lo que tenía y por qué tomaba esas medicinas; era una costumbre y todo lo llevaba junto en una bolsita. Le pregunté qué pastillas eran y mamá me dijo que eran las del tiroides, Nolotil y las de dormir. «Bueno, no te preocupes —le dije—, no creo que pase nada por una semanita. De todas formas, aquí siempre duermes bien». Realmente, lo que me llamó la atención fue su aspecto desaliñado, con lo presumida y coqueta que era mi madre, y el aspecto que traía no me cuadraba.

Estando ya en casa, saludaron a mi marido y al pequeño Hugo, que estaban esperándonos. Mi madre tenía la mirada un poco como perdida y no parecía ella, algo le notaba raro. No le hizo caso a mi hijo con tres añitos, con lo que disfrutaba ella con los nietos y las ganas que tenía siempre de estar con ellos. Les dije que sacaran las cosas de la maleta y se acomodaran, y que si querían ducharse también lo podrían hacer, mientras prepararía yo la cena. Mi marido le ayudó a subir la maleta a la habitación. Mi casa tenía dos plantas y zonas ajardinadas, por lo que era muy confortable y amplia. Estaba situada en una urbanización con mucha arboleda y zonas verdes, y a mamá le gustaba mucho venir a visitarme; decía que se relajaba mucho en mi casa.

Mamá no abrió su maleta y me extrañó, pero pensé que estaría cansada del viaje y no le di importancia. Ella se vino a la cocina con la abuela y me preguntó tres veces cómo funcionaba el microondas. Me pareció raro esa obsesión por cómo funcionaba el microondas, pero se lo expliqué las tres veces.

Al día siguiente me tenía que ir a trabajar y mi marido también. Preparé al pequeño Hugo para llevarlo al cole y nos fuimos. Mamá sabía que tenía unas llaves en la bandejita de la entrada para que ella pudiese entrar y salir cuando le apeteciera, y les propuse que se quedaran por allí cerca. A ellas les gustaba el campo y allí estaban muy a gusto, pero no hicieron caso. Cogieron un autobús que las llevó al centro de Mallorca. Estaban perdidas, pero algo hizo que mi madre recobrara un poco la memoria y recordó que mi marido trabajaba en la tienda del centro. Apareció allí, no sabemos cómo, y preguntó por él. Le preguntaron que de parte de quién y ella se presentó como la madre de Ana. Él, extrañado, salió y enseguida me llamó por teléfono a mi tienda para decirme que estaban allí mamá y la abuela. A nosotros nos quedaba un rato para salir y le dije que las montara en un taxi camino de casa, que luego hablaría con ellas para ver qué había pasado.

Al llegar a casa, estaba mi madre en el sofá con una pinta espantosa y bebiendo agua. Mi marido me miró y me dijo: «Ana, tu madre no está bien. No parece ni ella. A ver qué le puede pasar, porque me preocupa. Incluso al subir y pasar por su habitación me ha dado mal olor. ¿Por qué no le dices que se bañe?». Esas cosas me dolían porque quizás no estaba preparada para oír eso de mi marido, cuando mi madre, siempre que venía a casa, era para limpiar y organizar. Le pregunté si estaba bien y ella asintió con la cabeza.

La abuela estaba en la cocina, llorando y preparando algo de comer. Hablé con ella y le pregunté si le pasaba algo. Me dijo que mamá no estaba bien y que se habían perdido porque ella se empeñó en coger el autobús. En ese momento, mamá entró a la cocina y me volvió a preguntar cómo funcionaba el microondas. Reconozco que le contesté mal, le grité diciendo que ya se lo había explicado muchas veces, que manía esa con el microondas. La abuela me frenó diciendo que por favor hiciéramos algo, porque mamá no estaba bien y seguro que algo tenía. La abuela lloraba diciéndomelo y decidí llamar a mis hermanas, porque yo con el trabajo no podía cuidarlas todo el día y me asustaba que pudiese pasarles algo.

Mi hermana Carmen se enfadó: «¡Pues sí que te has cansado pronto!», me dijo, pero yo le dije que tenía miedo y que la mandaba de vuelta. Lo siento, pero no podía atenderla. En los cuatro días que estuvo en casa hasta su regreso, no se duchó, por lo que imaginaos el aspecto que podría tener. Mi madre, tan limpia y presumida, ¿cómo podía llegar a ese extremo? Jamás me imaginé que podría llegar a eso. Y, aunque yo no sabía qué le pasaba, no me siento orgullosa de haberle hablado mal y estaré arrepentida siempre. Necesitaba a mi madre en ese momento, necesitaba que volviese. Esa persona no era mi madre y cuando se marchó sentí muy malas vibraciones. Pensé que nada bueno tendría.

Depresión
(Inmaculada)

Noviembre de 2007. Hablé con mi madre porque desde su llegada de Mallorca estaba peor: «Mamá, vamos a pedir cita con el médico de cabecera, que te mande pruebas». Llevaba unos días diciendo que le dolía la cabeza y decía que también le dolían mucho los huesos. No lo vi normal y me dijo que ya había ido, que le había dicho que era depresión: «Pero ¿cómo va a ser depresión si no paramos de reírnos y beber cerveza? Una persona que tiene depresión no tiene ganas de reírse y menos de beber cerveza». Aprovechando que estaba en su casa, llamamos al ambulatorio y pedimos una cita, y nos la dieron para el día siguiente.

Fui a la consulta con mi madre. Nos atendió una doctora jovencita, no recuerdo si estaba sustituyendo a la suya o era que ya le habían asignado esa doctora, pero el caso es que no la conocía. Al entrar preguntó: «¿Otra vez aquí, Carmen?». No dejé contestar a mi madre, hablé yo y le dije que era su hija. Me presenté y le expliqué que estábamos allí porque mi madre no estaba bien, se estaba haciendo adicta a las pastillas para dormir y no dormía, y le dolían mucho los huesos y la cabeza. Insistí en que le mandara una resonancia o alguna prueba que determinara lo que pudiese tener con más exactitud, pues no me creía que pudiese ser una depresión. La doctora se negó con la excusa de que tardaban mucho las pruebas y tenía claro que era depresión. No me quedé tranquila y le dije que no me iba de allí sin una prueba o un especialista que la viese. Ella, muy enfadada, me rellenó los volantes para el neurólogo y el traumatólogo. Salí de la consulta dándole las gracias, un poco tensas por ambas partes, y en dirección al mostrador de administración para que nos diese una fecha de cita para los especialistas. Se quedaron con los papeles y nos dijeron que ya nos llamarían.

A los dos días la llamaron. Mi madre no sabía escribir, pero sí apuntaba fechas y números de teléfono; el orden solo lo sabía ella, pero se desenvolvía bien. Yo tenía bastante trabajo y ella se quedaba en muchas ocasiones con mis niños. Esa semana tuve que llevárselos y vi dos fechas apuntadas en un papel que había cerca del teléfono. Le pregunté qué significaban y me dijo que eran las citas de los especialistas. Las apunté protestando, pues se las habían dado para marzo de 2008 y vi que faltaba mucho tiempo.

Esa misma semana tenía una cita con la ginecóloga. Ella iba normalmente sola a los médicos, pero yo empecé a preocuparme y no me quedaba tranquila, así que la acompañé. Era una prueba específica para detectar cáncer. Me extrañó y le pregunté al médico que por qué le hacían esa prueba, y él me dijo que llevaba mucho tiempo con hongos y necesitaba descartar otras cosas para tratarla. Cada vez estaba más intranquila, eran ya muchas las cosas que me estaban preocupando.

Hablé con mis hermanas para comentarles que a mamá le pasaba algo y no iba a dejar que fuese sola a los médicos porque me preocupaba. Se estaba haciendo adicta a las pastillas para dormir y todo porque le dolía la cabeza, y al final ni dormía ni nada. Ellas se empezaron a preocupar también. Con Ángela no podía contar, porque estaba a punto de parir y no quería darle más carga, y Carmen estaba con los nenes más pequeños y su marido en Málaga. Yo lo tenía menos complicado entre semana, porque dejaba a los niños en el cole y mi marido los podía recoger. Mis hermanos trabajaban y Ana estaba en Mallorca. No me quedaba otra que ser yo la que se preocupase de los médicos.

El puente de la Inmaculada
(Inmaculada)

Diciembre de 2007. Necesitaba que mamá se quedase con mis niños, ya que yo actuaba prácticamente todos los días. Mi hermana Carmen se había ido a la playa y Ángela estaba a puntito de dar a luz y no me atrevía a dejárselos. Iba por las tardes a verlos antes de irme a cantar, porque las mañanas las aprovechaba para dormir y descansar la garganta.

Ellos estaban bien, les gustaba estar con la abuela Carmen, aunque últimamente me preocupaba bastante y la abuela Concepción pasaba algunos días en casa de mis tíos. Decidieron llevársela porque lo estaba pasando realmente mal, por lo que estaba prácticamente sola. Mi hermano llegaba casi de noche de trabajar y quedaba para ver a la novia.

El día que fui a recogerlos después de pasar el puente con mamá, al entrar lo vi todo muy oscuro y me asusté. No había ruido de niños. En voz baja le pregunté a mamá que dónde estaban los niños y me señaló el salón. Estaban dormidos. Ella decía que le ponía el vídeo de mi boda y se quedaban fritos. Yo me reía porque un vídeo de boda no era para unos niños, pero bueno, ella consideraba que les relajaba el vídeo de mi boda y se lo ponía a diario. Le pregunté qué tal estaba y me decía que le dolían la cabeza y los huesos, que los dolores de cabeza no se le quitaban ni con las pastillas de dormir, que no se le quitaban con nada. Le dije: «Si no te pregunto, no me dices qué te duele. Mamá, tienes que decir lo que te pasa, si no ¿cómo sé que estás mala? Vamos a ir al médico otra vez». «¿Otra vez?». «Sí, y mil veces si hace falta», le contesté.

Volvimos a pedir cita y después de dos semanas la doctora había cambiado. Entramos y me presenté, sentándose mi madre a mi lado. Cuando la doctora nos preguntó qué pasaba, le comenté que a mi madre se le olvidaban las cosas y que estaba muy cansada, además de sus dolores de cabeza constantes, no dormía y la gran cantidad de pastillas que tomaba. La doctora, una señora mayor y seria, lo estaba comprobando a la vez que yo se lo decía. Le preguntó si se le había retirado la regla, a lo que mi madre le dijo que hacía ya un año; podría ser de la menopausia. Rápidamente le dije: «Con menopausia no se te va la memoria, que yo sepa». La doctora me contestó: «También es cierto, pero es que me cuentas síntomas relacionados con la demencia senil». Miró un libro que tenía allí y a continuación dijo: «Podría ser una demencia senil precoz». Eso ya me estaba cuadrando más que la historia de la depresión. Le dije que teníamos cita para el mes de marzo con el neurólogo y ella lo vio bien: «Entonces tendréis que esperar que la vea el especialista, porque lo único que puedo hacer es mandarle un tratamiento para los dolores, pero no para tratarle una enfermedad que no sabemos con seguridad si puede ser eso». Al salir de la consulta, la noticia de que pudiese ser otra cosa diferente me tranquilizaba un poco, aunque no del todo. Presentía que esta historia iba a ser larga. Y me preocupaba mucho.

La cuñada dio en el clavo
(Carmen)

En octubre de 2007, mamá y la abuela viajaron a Mallorca. Estábamos deseosas de que llegasen y se relajasen allí con Ana, pues ella tenía mucha vida social y siempre las llevaba a todos lados, que era lo que a ellas les gustaba, estar todo el día disfrutando de lo bonito de Mallorca.

Llegaron muy bien, pero al día siguiente Ana llamó por teléfono: «Carmen, ¿esto qué es?», me dijo. Y le contesté: «¿Qué pasa, Ana?». Entonces me contó: «Mamá, desde que se ha levantado esta mañana, se ha tumbado en el sofá y no hay forma de convencerla para salir, ni quiere hacer nada, solo beber agua y comer pipas». Yo le decía: «Ana, por Dios, espabílala tú que sabes y la sacas a ver si se le quita la depresión». Eso era lo que pensaba yo desde mi desconocimiento, dando por hecho que era depresión. Pero Ana insistía que ya lo había intentado Óscar, que le había dicho de dar un paseo en el barco, que a ella le gustaba mucho, y nada, ni una cosa ni otra. La abuela estaba todo el día metida en la cocina guisando y llorando, diciendo que mamá no estaba bien, que hiciéramos algo. Mi hermana no se podía hacer cargo de esta situación, y menos estando allí, en Mallorca, por lo que mamá y la abuela se volvieron a Córdoba.

Al llegar a Córdoba, le preguntamos si le pasaba algo. Ella decía que estaba muy cansada, con la mirada perdida. Nos asustó la situación, pero estábamos tranquilas porque estaban la abuela y mi hermano David allí con ella. Le dejamos el teléfono grabado a la abuela para la marcación rápida solo dándole al uno, por si no estaba mi hermano David y pasaba algo en cualquier momento, aunque nosotras íbamos todos los días a verla.

Una tarde, subí a casa de Ángela a tomar un café con los niños y hablar un rato de cómo estaba mamá y darle una solución. Ángela estaba embarazada ya de ocho meses y estaba a punto de dar a luz. Ella no veía que mamá estuviese tan mal como la pintábamos, quizás porque no la veía tanto, pero aquel día estaba allí su cuñada, que también había ido a verla para preparar la habitación de la niña y echarle una mano con los preparativos. Comentando el detalle del agua y las pipas que mamá impulsivamente tomaba, la cuñada, preocupada, nos dijo que conocía un caso igual: la hija de su prima. Bebía agua con mucha frecuencia y al principio nadie notó que fuese raro, pero con el tiempo se ponía cada vez más nerviosa y no podía faltarle el agua. Ya era obsesivo lo de beber agua. Cuando la llevaron para hacerle pruebas, detectaron que tenía un tumor en la cabeza. Nosotras la verdad es que no nos imaginábamos a mi madre con un tumor en la cabeza y descartamos que pudiese ser eso. Pero sí nos dejó con esa preocupación y pensando que también cabía la posibilidad de que pudiese ser una cosa así, pues no podíamos descartar nada. La cita con el neurólogo la teníamos en marzo, que aún estaba lejos, y veíamos que esto empeoraba por días.

Nochebuena 2007 en casa de Ángela (Carmen)

Pensamos que en Navidad, cuando nos viese a todos juntos, lo mismo se recuperaba un poquito. Solo faltaba Ana, que no había podido venir esas Navidades, y acordamos hacerle una llamada cuando estuviésemos todos para hablar y felicitarnos la Navidad.

Esa noche mamá estaba como ausente, con la mirada perdida. No se había arreglado, ella, a quien le gustaba arreglarse y siempre era el alma de la fiesta. Con ella no faltaba nunca el cachondeo y el buen ambiente sin olvidar la música, pero esa noche solo habían lágrimas. Nuestros maridos se miraban extrañados y no decían nada, pero nos retiramos a la cocina para hablar con Ana los cinco. Le contamos cómo se estaba desarrollando la noche y lo preocupadas que estábamos. Ella dijo que algo le pasaba, no era normal, en su casa estuvo rara todos los días. Llegamos a pensar que quizás había sido algún desengaño amoroso que no nos contó, pero no más allá de eso. Puede ser que no quisiéramos mirar más allá de ese pensamiento, que pudiese ser una depresión.

Llamamos a mamá para que viniese a la cocina y así, con Ana al teléfono, preguntarle si le había pasado algo que nos quisiera contar. Ella seguía con la mirada perdida y muy seria. Le dije: «Mamá, hemos celebrado aquí la Navidad porque hace dos días que nació Laura y Ángela está aún convaleciente, para que no tuviese que moverse mucho. Necesitamos que nos digas si te ha pasado algo, por favor». Ella seguía como si no me escuchase, con la mirada perdida, sin sonrisa en su rostro y diciendo que no le pasaba nada. «¿Algo más?», nos dijo. Nos quedamos todos perplejos y nos miramos. «¡No!», le contesté. Se levantó para irse, pero Inmaculada la sujetó del brazo y le dijo: «No, no te vas, mamá. Entiéndenos, estamos preocupadas por ti. Ana está al otro lado del teléfono y quiere saber qué es lo que te pasa. Estamos todos preocupados. Si tienes algo que te preocupe, cuéntanoslo ahora que estamos solo tus hijos». David también insistía en que por favor dijera algo, que si había sido culpa de algún hombre ya se encargaría él. Pero mi madre seguía con la mirada perdida, sin escuchar y paralizada. Vimos que era inútil la insistencia y decidimos seguir la cena de Navidad, con lágrimas en los ojos y pensando que algo le pasaba a mamá. No podíamos esperar al mes de marzo la cita con el neurólogo, cada día estaba más grave y no nos podíamos quedar de brazos cruzados.

Al llegar al salón donde estábamos cenando, la abuela nos miraba angustiada, quería saber si habíamos averiguado algo, pero negamos con la cabeza. El tema no se sacó en la mesa, pensamos que era algo íntimo y no queríamos que ni los niños ni las parejas fuesen partícipes de lo mal que lo estábamos pasando todos.

Navidades 2007
(Ana)

Desde que mi madre se marchó de Mallorca, no pasó una sola noche que no hablásemos los hermanos, pues la situación se complicaba por días. Mi hermana Inmaculada, que era la que la acompañaba a los médicos, me decía que había que esperar, que ya le habían mandado pruebas y volantes para la visita con el especialista, pero que tardaban porque había una lista de espera de seis meses. Yo no podía esperar, necesitaba saber lo que tenía mi madre, aunque intuía que no era nada bueno.

Mi cabeza, en el trabajo, estaba puesta en mi madre. Esas vacaciones no pude viajar a Córdoba porque normalmente en Navidad hay mucha venta y no podemos faltar los empleados. Me enteraba de lo que mis hermanas me adelantaban todos los días. Cuando llamaba a mi madre, ella me contestaba con monosílabos —sí, bien, aquí, vale…—. No preguntaba, no tenía conversación y esa situación me deprimía mucho más.

Llegó la noche del 24 de diciembre, en la que había quedado en mantener una conversación telefónica con mis hermanos en casa de Ángela, donde se juntarían para cenar porque mi hermana hacía dos días que había dado a luz y aún estaba delicada. Durante nuestra conversación, al principio, mamá no estaba y nos pusimos al día de lo último que veíamos. Nos tenía verdaderamente preocupados. Al ratito, les dije que la avisaran, que quería hablar con ella. Yo le preguntaba si le había pasado algo con alguien, necesitaba saber algo más. Estaba muy preocupada desde que se fue de mi casa. Ella solo decía que no sabía por qué se encontraba así, que ella estaba bien y no le pasaba nada. Escuchaba al otro lado del teléfono a mi hermana Inmaculada diciéndole que hablara, que nos tenía a todos preocupados, pero a mi madre no se le oía, solo oía los sollozos que seguro que eran de Carmen. Ella llora siempre por todo, es como yo, nos cuesta contener las emociones y el llanto forma parte de nosotras. «Dejadla ya —les dije a mis hermanos—. Eso no es una depresión. A mamá le pasa algo grave y no sé lo que es». Mis hermanas se enfadaron un poco porque, quizás, lo que yo les decía no les gustaba y empezaron a decirme que cómo iba a ser algo malo, que yo siempre pensaba lo peor y que seguro que, cuando le hicieran las pruebas que estaba esperando, iba a ser solo un susto y se quedaría en eso. Pero a mí no me convencían: «Bueno, pues cuando vayáis al médico me avisáis. Necesito saber».

Cada día que hablaba con ellas, la cosa empeoraba. Mi hermano David, que aún vivía con mi madre y la abuela, de vez en cuando me cogía el teléfono y me decía que a mamá cualquier día la cogía en brazos y se la llevaba a Urgencias, porque no estaba bien y cada día que pasaba estaba peor. Llegó un día en que, camino del servicio, se orinó por el pasillo. Ese día mi hermano se preocupó bastante.

Urgencias
(Carmen)

Llegué a casa de mamá esa mañana del 7 de enero de 2008, porque la abuela nos dijo que no quería bañarse y que se orinaba encima; eso ya era sumamente grave. Había quedado con mi hermana Inmaculada esa mañana para intentar convencerla de que se tenía que bañar, pero seguíamos pensando que no podíamos esperar a marzo y habíamos dejado pasar las Navidades para no fastidiar a nadie.

Yo estaba de excedencia por cuidado de hijos y renové otro año más, así que tenía todo el día libre. Cuando dejaba a los niños en el cole, me iba a casa de mi madre temprano para ver su evolución. Inmaculada, por su trabajo de fin de semana, también tenía las mañanas más libres y, además, su hijo estaba en un cole cerca de casa de mamá, por lo que los desayunos los hacíamos prácticamente allí.

Yo llegué antes que Inmaculada y cuando entré estaba la abuela sentada en una mecedora y mi madre tumbada en el sofá con la cremallera del pantalón bajada. La abuela me dijo que no quería moverse de su lado por si se caía y que no se fiaba de que pudiese meter fuego con el brasero. Se había orinado y no quería bañarse. Yo le pregunté: «¿Mamá, qué te pasa? ¿Por qué te has orinado encima?», y ella me dijo tranquilamente que no le había dado tiempo de llegar al baño. «Bueno, vamos a esperar a Inma y te bañas, que nos vamos al médico». Ella me dijo que hasta marzo no tenía la cita; me extrañó esa capacidad al recordar una cita del médico, que no guardaba relación con lo que estábamos viendo a diario.

Mientras esperaba a Inmaculada, una vecina subió al oírme llegar. Me dijo que quería hablar conmigo y yo la escuché porque la vi preocupada: «Carmen, menos mal que te veo. Tu madre bajó el otro día a casa, eran las cuatro de la madrugada, con una bandeja de horno y unos pimientos rojos para pedirme que le pusiera el horno, que el suyo no le funcionaba. Y la verdad es que no fue por lo que me pidió —que sabe perfectamente que puede contar conmigo para lo que necesite—, sino por la hora que era». Yo le conté que el médico nos dijo que podría ser demencia senil precoz, pero que tenía que valorarlo el especialista. «De todas formas, hoy pienso que está regular y la vamos a llevar a Urgencias. No puedo esperarme a marzo, porque estoy viendo que esto avanza por días y lo veo raro». La vecina lo entendió y nos dijo que si necesitábamos algo que podíamos contar con ella. Ya lo he dicho en capítulos anteriores: mi madre era muy querida por todos y todos se preocupaban por ella.

Mi hermana Inmaculada llegó en medio de la conversación con la vecina y saludó entrando a ver a mamá. Yo la interrumpí y le dije que había que bañarla, que nos íbamos a Urgencias. Ella me miró muy preocupada, pero en cuanto la vio lo entendió. Me despedí de la vecina y la arreglamos para irnos.

«Abuela, ya te llamamos en cuanto sepamos algo. Tú tranquila y no te muevas de aquí. Prepara comida para David, que sabes que se tiene que volver a trabajar. Estamos en contacto». Inmaculada dejó su coche en casa de mamá y nos fuimos en el mío. Al llegar a Urgencias, nos tomaron nota, pero solo una podía entrar de acompañante. Le dijimos a la enfermera que estaba como perdida y quizás sería conveniente entrar las dos, pero no nos dejó, aunque sí nos dio dos pases para que nos turnásemos. Porque dentro, si veían a dos acompañantes, te echaban.

La primera vez que nos nombraron no sé si habían pasado tres horas. Mi madre estaba ya desesperada, levantándose cada media hora para orinar y con una botella que a cada momento rellenaba de agua. Ella me preguntaba: «¿Qué hacemos aquí si todavía no me toca el médico?». Yo le decía: «Mamá, te va a ver otro médico», y ella decía: «Otro, ¿amigo tuyo?». Yo, para conformarla, le decía: «Sí, mamá, amigo mío». Ella sabía que yo conocía a mucha gente y no se extrañaba de que fuese amigo mío el médico. No se dio cuenta de que estábamos en Urgencias, pensaba que estábamos en la sala de espera de una consulta. El celador ya estaba algo nervioso al ver que mi madre no paraba y que yo la seguía para ver qué hacía dejando los bolsos en la silla. Me preguntó qué le pasaba y le dije que su cabeza no estaba bien, así que le pedí que dejara a mi hermana pasar conmigo, pues necesitaba a dos personas para controlarla. El celador cedió y la llamé para que pasara. «Menos mal —le dije a mi hermana—. Esto es de locos, con tanta gente en la sala de espera y mamá que no para».

Después de tres horas, nos llamaron y entramos con mamá a consulta. Era una doctora, nos ofreció asiento, pero solo se sentó mi madre; nosotras nos quedamos de pie tras ella, como dos guardias de seguridad custodiando el tesoro. Le comentamos a la doctora lo que estaba pasando y la cita de marzo, y ella nos dijo que nos esperásemos a marzo porque neurólogos de guardia no había. Nos cayó como un jarro de agua fría y se nos paralizó el cuerpo. Yo le dije que no estaba bien. Mientras, mi madre se había sacado un pañuelo del bolso y le estaba limpiando la mesa a la doctora. Inmaculada se cuadró y dijo: «De aquí no nos vamos sin una prueba que determine qué tiene mi madre». La doctora nos dijo que los TAC en Urgencias no se hacían, pero que iba a ver qué podía hacer. Las dos, con las lágrimas a punto de que saliesen de nuestros ojos, nos plantamos allí y le dijimos: «Pues averígüelo, que de la consulta no nos movemos». La doctora nos vio algo desesperadas y creo que eso fue lo que la movió a hacerle un TAC, porque también podría haber llamado al de Seguridad para que nos sacasen de la consulta, pero no lo hizo.

Un momento desesperante pero decisivo (Carmen)

La doctora llegó a la consulta con un papel. «Mira, van a hacerle un TAC, pero no es lo normal, así que voy a llamar a un celador para que os acompañe. ¿Tu madre puede caminar?». Le contestamos que sí y nos marchamos junto con el celador, no sin antes haberle dado las gracias por habernos escuchado, que no es poco.

Al llegar, nos dijo el radiólogo que en esa prueba no se podía mover. Nosotras le avisamos que eso iba a ser imposible, que no se iba a quedar quieta, pero que, si nos permitía entrar a alguna, ya lo intentaríamos. El radiólogo nos dijo que no con la cabeza: «No puede entrar nadie, solo el paciente», terminó diciendo. Desde la puerta escuchábamos las voces del radiólogo gritando a mi madre que se estuviese quieta, pero parece que le dio trabajo, pues estuvimos dos horas esperando que la prueba pudiese ser válida. El radiólogo, cuando se despidió de nosotras, estaba sudando y dijo: «Ya se lo envío al médico. Por poco os quedáis sin prueba, trabajo me ha costado». Nosotras agarramos a mamá y nos la llevamos otra vez para la sala de Urgencias. Nada más llegar, escuchamos el nombre de mamá, y pensamos: «¡Qué raro! ¡Pues sí que ha sido rápido esto!».

Un celador nos acompañó a la consulta de la doctora que le había hecho el TAC. Ella nos miraba con los ojos muy abiertos y nos dijo: «Mirad, no puedo interpretar el TAC porque no estoy capacitada para ello, pero me he informado y hay un neurólogo de urgencias en planta y va a bajar para hablar con vosotras». Nosotras nos quedamos más preocupadas aún y le dijimos que nos adelantara algo. Ella nos dijo que veía una masa viscosa que no era capaz de describir y que, habiendo un neurólogo, él lo interpretaría mejor.

Le dijo al celador que nos llevaran a la consulta que estaba libre y que allí esperásemos al neurólogo, que no nos metiera más en la sala de espera. Mi madre no paraba de decir: «Pues sí que sois listas, conocéis a todos los médicos. Al final os vais a salir con la vuestra y me va a ver el especialista». A nosotras no nos salían las palabras, el nudo en la garganta estaba ahí y aún no había estallado la bomba que nos esperaba.

El neurólogo tardó en llegar porque antes había pasado por la consulta de su colega para comentar la prueba. Cuando llegó, volvimos a contarle la misma historia de nuevo, el día a día y el empeoramiento tan sumamente rápido que habíamos visto en los últimos días. Mi madre estaba sentada y nosotras en la misma situación que en la anterior consulta, de pie como dos guardaespaldas; el tesoro estaba allí y no íbamos a permitir que nadie ni nada nos lo quitase. Mi madre volvió a hacer lo mismo: sacó un pañuelo y comenzó a limpiar la mesa del doctor. El doctor la observó y le preguntó si había notado dolores de cabeza. Ella respondió: «A mí siempre me duele la cabeza». Pero nos quedamos extrañadas, pues ella jamás se quejó de esos dolores de cabeza de forma continuada. Normalmente, ella nunca se quejaba y si le dolía algo se lo callaba.

El doctor nos dijo que saliésemos una de nosotras con él y mi hermana Inmaculada me señaló a mí. Él salía con la prueba en la mano, en el pasillo sacó la prueba y me dijo: «Mira la cabeza de tu madre cómo está. Lo extraño es que se haya detectado esto tan tarde». Comenzó a decirme que tenía afectado el lóbulo frontal, lateral derecho, etc. Solo tenía en su cabeza un espacio en la zona izquierda que iba a ser infectado en breve, porque después de lo que le habíamos contado y ante un avance tan rápido no había solución. Yo miré fijamente al doctor con lágrimas en los ojos, sin quererme creer lo que me decía, pensando dentro de mí: «Pero si solo tiene 54 años, ¿cómo va a ser posible que esto le esté pasando, ahora que está tranquila, que ha encontrado la felicidad con sus hijas casadas, disfrutando de sus nietos y sin un hombre que la moleste ya?». No podía ser cierto. El médico se despidió diciendo: «Lo siento, vamos a darle una habitación para realizar unos estudios y ver la evolución». Así que volví a la consulta sola y mi hermana se temía lo peor. «Luego te cuento», le dije, diciéndole con la cabeza que no. Ella rompió a llorar y nos dijeron que esperásemos en la sala de espera hasta que nos diesen una habitación, que estaba la cosa de camas difícil e iban a tardar.

La noticia en gran grupo
(Carmen)

Estando en la sala de espera, teníamos que pensar que el día ya estaba echado por alto y a los primeros que teníamos que avisar era a los maridos para que se hicieran cargo de los niños. Yo, en mi caso, a mi suegra, porque mi marido trabajaba en Málaga y estaba sola todo el día hasta que él aparecía. Eso si no era jueves, que entonces se quedaba en el apartamento de la playa.

La segunda llamada se la hicimos a los hermanos, para decirles que mamá se quedaba ingresada y que era grave lo que tenía. Me daba pena por Ángela, hacía poco más de 15 días que había dado a luz y a la pequeña la estaba disfrutando poco con las preocupaciones de mi madre, pero ella se encargó de dejarla con su cuñada para venir al hospital.

Por último estaban los tíos, que no creían que esto le estuviese pasando a mi madre. Ellos pensaban que los médicos habían exagerado y que iba a salir de esta.

Mi hermano David llamó a un doctor amigo suyo, pero dio la casualidad de que estaba de vacaciones. David le dijo lo que el neurólogo nos había comentado y su amigo le dijo que lo sentía, pero que era un mal asunto lo de mamá y que lo tomásemos con calma, pues el desenlace iba a ser la muerte y lo teníamos que asumir, aunque fuese doloroso. Mi hermano no se lo podía creer. Aunque él nunca demostró debilidad, quería hacerse el fuerte y, con la fortaleza que le caracteriza, dijo: «Que de esta no sale. Como dice ella, se muere con las botas puestas. ¡Puta vida!».

Ese día fue muy intenso. Yo no quería ir a mi casa, ni ver a mis hijos, ni salir del hospital. Siempre pensé que habría un momento del día en que llegaría un médico que le daría una solución y finalmente se recuperaría. No quería irme de allí, pero no respetaron mi decisión y, después de darle a mi madre la habitación —ya eran las diez de la noche—, me mandaron para casa a descansar, y se quedó una de mis tías.

No dormí en toda la noche pensando y recordando todo lo que el médico me dijo, repasando palabra por palabra: gestos, circunstancias y momentos vividos en Urgencias, donde llegamos a las diez de la mañana y le dieron una habitación a las diez de la noche. Muchas horas y mucho en que pensar.

Ingreso de Carmen
(Manoli)

Las hijas de Carmen me llamaron para avisarme de que su madre estaba ingresada y el porqué. No podía creérmelo, la noticia me derrumbó y me quedé paralizada.

Un tumor, era lo único que resonaba en mi mente. No podía ser, y encima sabía que no tenía solución. No podía tardar mucho en verla. Necesitaba animarla aunque fuese absurdo, pero ella nos animaba siempre que estábamos mal. No podía defraudarla y pensaba que de esta saldría, lo mismo que había salido de otras. Quizás quise creerme que esta situación tenía solución también, y así, cada vez que iba a verla, la animaba:

«Venga, Carmen, que verás como todo sale bien. De cosas peores has salido». Ella me miraba y asentía con la cabeza, pero la sonrisa desaparecía de su rostro día tras día. No era ella. ¿Dónde estaba mi amiga?, ¿dónde estaban las castañuelas que siempre llevaba encima para animar al más débil? No quería creerme que mi amiga se iría de este mundo tan pronto, no podía ser, con todo lo que había pasado. Su vida habría sido para cualquier persona un camino lleno de espinas y piedras, pero para ella no había nada imposible. Su fortaleza era envidiable y su sentido del humor, incansable.

Cada día que la visitaba estaba más apagada. Los ojos se le iban cerrando por días, hasta no poder abrirlos más. Estaba como dormida, no hacía nada, pero sabía que nos escuchaba, estaba segura, y yo seguía animándola porque sabía que ella seguro que me animaría a mí. No quería imaginarme que se fuese a ir de este mundo.

Sus hijas le llenaron la habitación de fotos y notas de amor; eran únicas para crear un ambiente en el que el amor y el cuidado prevalecía y se respiraba. Un día le escribieron una carta entre todos porque, en ocasiones, ni tan siquiera podían hablar, las lágrimas se apoderaban de ellas y no querían que su madre sintiera su tristeza. En una de mis visitas, me pidieron el favor de leerle una carta llena de amor que le habían escrito entre todos. Yo estaba encantada de formar parte de ese momento, aunque no sabía si iba a ser capaz de terminarla. Antes de empezar la lectura, le dije: «Carmen, te voy a leer una carta que te han escrito tus hijas. Si me escuchas, mueve un dedo o algo», y noté que intentó mover el dedo meñique de la mano, lo cual me impresionó, pues sabía que nos estaba escuchando. Le leí la carta de sus hijas, como siempre llena de amor y buenos deseos hacia su madre, y casi no llego al final con un nudo en la garganta que me atrapó, pero intenté que no se notase para no preocupar a mi amiga.

La llamada de Carmen
(Ana)

Pasaron los Reyes Magos para que los niños disfrutasen de su llegada, pero terminaron unas Navidades de lo más tristes para nosotros.

El día 7 de enero de 2008 sonó el teléfono en la tienda donde yo trabajaba en Mallorca y escuché mi nombre. Sabía que algo pasaba, porque normalmente no me llamaban a la tienda si no era urgente. Mi hermana Carmen estaba al otro lado del teléfono:

—¿Diga?

—Ana, es mamá. —Oí la voz de mi hermana y ya sabía que era algo malo.

—¿Qué le pasa?—pregunté.

—Pues le pasa que tenías razón, es algo malo lo que tiene y quizás sin solución, aunque aún estamos esperando. La van a dejar ingresada para poder realizarle unas pruebas, pero por lo que me ha dicho el doctor tiene muy mala pinta.

A mi hermana se le escuchaban entrecortadas las palabras, porque sus ojos y su garganta se llenaron de fluidos que la ahogaban y no la dejaban hablar. Mientras ella me hablaba, yo solo pensaba en irme a Córdoba; tenía que ver cómo hacerlo y cuanto antes.

Al colgar el teléfono, no sabía para dónde tirar, si para la tienda o para el baño a hartarme de llorar con el rollo de papel en la mano, pero me quedé paralizada en el despacho sin saber qué hacer. En ese momento llegó el coordinador y me preguntó si había pasado algo. Le conté la noticia de mi madre y me dijo que tenía dos días por ingreso, que en este caso serían cuatro por estar fuera, pero pensé que dos días eran para viajar y que cuatro días eran pocos. Nos pusimos a hacer cuentas de las horas que me debían desde la Navidad, porque siempre hacía más de lo que debía y me las pagaban en días libres. De esa forma, pude juntar ocho días, pero no los quería gastar todos para poderme ir en otra ocasión.

En dos ocasiones estuve con mis hermanas cuidando de mi madre, pero se apagaba por días y en mi segundo viaje me traje a mi hijo; quería que se despidiese de la abuela Carmen, no sabía si volvería a verla más y necesitaba que le diese un último beso. En complicidad con las enfermeras, que me dieron una mascarilla para el pequeño Hugo, lo pude entrar a la habitación para que se despidiese de su abuela. En ese momento sentí que el mundo se me venía encima, me derrumbé al ver cómo mi pequeño, con tres años, le hablaba a su abuela como si estuviese dormida y vi cómo a mi madre le caía una lágrima de su mejilla sin ningún gesto. Sabía que el amor de mi madre era tan fuerte que, aún sumida en ese coma, ella sentía todo lo bueno y bonito que le pudiésemos hacer y decir. Y con eso me quedaba, aunque en ocasiones, cuando la veía en ese estado, daría lo que fuera por volverla a abrazar y decirle lo mucho que la quería. Había sido una joven rebelde y se lo hice pasar mal, pero cuando somos jóvenes somos egoístas y yo, personalmente, pensé que me iba a comer el mundo cuando salí del internado. Sentí que me habían quitado la infancia, pero que no me iban a quitar la juventud. Pero todo pasa, y realmente el mundo te come a ti o te para los pies, como lo hacía mi madre con nosotras, hasta que nos los ponía en el suelo. Hoy en día pienso que sin ella seríamos

todas unas desgraciadas, pero para ella la lucha no acababa y eso nos lo hizo mamar de pequeñas. Pese a lo mal que lo pasó en la vida, siguió luchando por su vida y por sus hijos, para darnos una vida mejor.

En cuanto llegué, le puse a mi madre un marco digital con todas sus fotos en sus viajes por Mallorca de todos los años, que a ella le encantaban. A los dos días, mis hermanas decidieron trasladarla a casa y me pareció una idea fantástica, pues pienso que mi madre hubiese querido lo mismo. Ellas lo tenían todo muy bien organizado, mis tías también se ofrecieron para echar una mano en los turnos de mañana o tarde, y nuestros hermanos, que trabajaban los dos durante la semana, se ofrecían para hacer las noches y los días del fin de semana, para así darnos descanso.

Yo también negociaba la posibilidad de poderme quedar más días y, por vía telefónica, hablé con Recursos Humanos para ver cómo lo podía hacer sin que me afectara a una paga a la que le decimos «la prima», que me la dan en febrero. Es una paga parecida a la de productividad y no la quería perder por si me quitaban sueldo, que al menos pudiera contar con ella. Ellos me propusieron una excedencia de 38 días máximo y así cobraría la prima íntegra. Aunque me descontasen esos 38 días, sabía que tenía una mensualidad extra, que podía contar con ella y así no me afectaba tanto el que me quitasen ese dinero. Marché a Mallorca para firmar y preparar una maleta para cuidar de mamá con mis hermanas. Me dolió dejarme a mi pequeño Hugo en Mallorca, pero no tenía otra opción, tenía que venirme sola para poder ayudar.

Inmaculada me esperaba a mi regreso en el aeropuerto para esos 38 días. Por el camino, me puso al día de todo lo que habían organizado con los turnos, pero añadió que yo disfrutara de ella porque había sido con la que menos tiempo había estado. Se decidió que yo me quedaba a dormir en casa de mi madre, con la abuela. Mientras, mis hermanas iban y venían para ayudar con el baño y el cuidado de mi madre. Yo le ponía su música favorita, *Marinero de luces*; sabía que lo escuchaba y que le hacía feliz. Le hablaba para decirle te quiero, sabía que estaba falta de que se lo dijera, y quizás no fuera el momento, pero sentía que me hacía falta decírselo.

Se me pasaron muy rápidos esos 38 días. Llegó la hora de irme y mi cuñado Antonio me esperaba para llevarme al aeropuerto. Yo no me cansaba de darle besos y despedirme de ella, y volví a ver cómo una lágrima furtiva corría por su mejilla sin que la acompañara otro gesto; entonces supe que me escuchaba. Estaba arrepentida de no haber pasado más tiempo con ella, de no haberla abrazado lo suficiente, ni besado. Arrepentida de haber desaprovechado mi tiempo en tonterías y restárselo a ella, con lo que había luchado por nosotras y lo pronto que se estaba marchando, sin darnos la oportunidad de un «perdón, mamá, por ser tan egoístas».

Me pasé todo el camino hasta el aeropuerto llorando y diciéndole a mi cuñado que se estaba apagando, que sería cuestión de horas. Mi cuñado decía que estaba sufriendo y que lo mejor que le podía pasar era eso, aunque sonase cruel. Todo el mundo quiere una muerte rápida e indolora, y la de mamá se estaba alargando. Y lo malo es que ella aún sentía.

Era fin de semana, sábado concretamente. Los fines de semana todos pasaban a cuidar de mamá y ese día pasamos los seis, porque yo me marchaba y vinieron a despedirse todos de mí. Se quedó Ángela, que le tocaba después de irme yo, y Carmen por la tarde hasta las 10 de la noche, que llegaría Inma. A esa hora ya estaría yo abrazando a mi Hugo, que tenía ganas de verlo.

El ingreso
(Inmaculada)

El día en Urgencias fue muy largo, agotador. Gracias a que un doctor amigo de mi hermano agilizó los trámites desde la lejanía, pues no estaba en Córdoba en esos momentos, pudimos dormir esa noche en una habitación.

Mi madre tenía muchos amigos y una numerosa familia, de la cual a la mayoría ni conocíamos. Por la habitación pasaban muchas personas, que si llegan a decir que eran vecinos de la infancia, me lo hubiese creído. Sinceramente, la cosa me incomodaba un poquito, no había intimidad en ningún momento. Fue el hospedaje más largo de mi vida. Hacíamos turnos los seis hermanos para que estuviesen todas las horas del día cubiertas y no estar allí sin ser necesario. Lo importante era que mi madre estuviese cuidada y que estuviésemos allí por si había que dar algún recado rápido. No podíamos perderla de vista. Una vez que apuntábamos las horas que mejor podíamos cuadrar con la familia, Carmen se llevaba el papel a casa y hacía el cuadrante semanal, y esa era la guía de los turnos, independientemente de juntarnos el fin de semana todos allí para estar con ella. Yo siempre me ofrecía entre semana porque los fines de semana, con mi trabajo en la orquesta, me era más complicado.

Un día me tocó turnarme con mi hermana Ángela. Al subir, yo no vi nada que me llamase la atención, pero a mi hermana, al bajar, le pareció ver al Demonio y me llamó para avisarme. Esperaba que no se le ocurriese subir, pues entre lo enfadada que estaba con la vida por hacerle esto a mi madre y lo mal que se lo hizo pasar él, esperaba, por su bien y por el mío propio, no encontrármelo durante nuestra estancia en el hospital. Pero él no era tonto y sabía que subir no iba a ser posible, así que quedó con un hermano suyo, ¡mi tío Rafa! Con la familia del Demonio nos llevábamos bien; ellos nos querían mucho y a mi madre la querían con locura. Cómo no querer a la Carmen.

Mi tío subió a la habitación para preguntar por mi madre. Yo le señalé su cama y le dije: «¿Cómo crees que está?». No me pude aguantar las ganas y le pregunté si estaba su hermano abajo. Él asintió con la cabeza y dijo, muy apenado, que se había enterado de que su mujer estaba muy malita y quería saber. Cuando dijo «su mujer», me revolvió el estómago y repetí irónicamente: «¿Su mujer? Dejó de serlo hace mucho tiempo gracias a que hemos estado luchando por ello. Ahora que no venga con la pena, el hipócrita, porque no le pega. Menudo demonio…». Mi tío no sabía qué responderme y lo único que me decía era que mi madre había tenido muy mala suerte, la pobre, con lo buena que era. Y yo eso de que hablara en pasado no lo soportaba. «¡Que es!», rectificaba de inmediato.

Las visitas, como he dicho al principio, eran constantes y pensé que disminuirían con el paso de los días. Pues no, cada vez eran más y diferentes. Un día de los que me tocaba a mí el turno, la tristeza de ver que mi madre llevaba días sin hablar se apoderó de mí y cada vez era más doloroso tener que decir lo que le pasaba y dar explicaciones.

Solicitamos, por el estado de mi madre, si podríamos estar en una habitación individual e, inmediatamente, nos la concedieron, haciéndonos sitio para que pusiéramos una cama portátil que llevamos para el acompañante. Todo el personal del hospital se volcó con nosotros, desde el limpiador más humilde hasta el médico más excelso; todos nos arroparon y era algo que necesitábamos y siempre agradeceremos. Gracias a ese equipazo de calidad del Hospital Provincial.

A mí me gustaba llevar fotos de mi madre con nosotras en nuestros mejores momentos de risas y complicidad para ponerlas en su habitación, donde nos permitieron ocupar una pared para sus recuerdos. Allí, con chinchetas, pegaba fotos felices e incluso cartas que no nos atrevíamos a leer y le pedíamos a alguien que lo hiciera, ya que las lágrimas se apoderaban de nuestras gargantas. En el momento que estaba poniendo una foto de mi madre con una sonrisa espectacular y con lágrimas en los ojos por no poderla ver así de nuevo, entraron unas señoras que yo no conocía. No me apetecían más visitas ese día y les pregunté quiénes eran. Me dijeron que eran primas de mi madre. Puse mi cara de extrañada y les dije que yo no las había visto nunca, a lo que agregué: «¿Cuánto tiempo lleváis sin ver a mi madre?». Ellas, sonriendo, me dijeron que casi 30 años. No sé si se me notó mucho el rojo que en ese momento se me plantó en el rostro, pero les dije que se fuesen de la habitación. Me enfadé muchísimo y, llorando, grité: «¿Por qué no os habéis preocupado en saber de ella en vida y ahora que se muere venís a verla morir?». La rabia, las lágrimas, el coraje y la situación se apoderaron de mí y desaté mi rabia en ese momento. Ellas, extrañadas de lo que oían, se marcharon sin réplica, pero llamaron a una tía mía para decirle lo que había pasado y reprocharle que venían del pueblo a ver a mi madre porque sabían que estaba muy malita y que ese trato no se lo merecían. Mientras mi tía me contaba esto, yo ni me inmuté, pensaba que eso era lo que se merecían después de 30 años y no le di explicaciones.

Antes de que mi madre entrase en coma, ella siempre nos señalaba la puerta como diciéndonos que nos fuésemos de allí; ella no quería vernos allí, incómodas por la situación, porque sufría al vernos. Al ver que la cosa se alargaba, hablamos con el médico para preguntarle el tiempo que preveía que duraría la estancia y nos dijo que lo mismo podía ser un mes que un año. Después de esta conversación, nos reunimos los hermanos para hablar de lo que íbamos a hacer ese tiempo. Todos sabíamos que mamá, aunque no hablaba, sentía, y el vernos allí en el hospital la hacía sufrir, por lo que pensamos seguir los cuidados en su casa, con sus cosas, aunque eso supusiera una gran responsabilidad para todos, pues los cuidados de mi madre eran muy delicados. Estaba sondada por todos lados y, ya en coma, empezaron a darle convulsiones por las fiebres y se complicaba más, pero estábamos dispuestas a cuidarla igual o mejor que lo estábamos haciendo.

El trámite con la enfermera de enlace del hospital tardaría unos días para acondicionar la habitación con el material necesario para su cuidado. La enfermera nos decía que era una decisión arriesgada y que habíamos sido muy valientes. Mientras tanto, pedimos que prohibieran las visitas. Los enfermeros pusieron un cartel que decía «Prohibidas las visitas» y nos dijeron que era lo mejor que hacíamos, pues aquello parecía una feria. Cómo podía una persona conocer a tanta gente, se preguntaban. Pero nuestra vuelta a casa era un acierto para todos. Fue duro, porque aprendimos cuidados que jamás pensamos que íbamos a ser capaces de realizar, pero el amor lo puede todo.

Lo sabía
(Ana)

Llegué de Córdoba al mediodía, con ganas de abrazar a mi hijo, que me lo había dejado con su padre durante casi dos meses. Pasé toda la tarde con él contándole cosas de la abuela Carmen. Hugo ha sido un niño muy charlatán y hacía muchas preguntas que a mí no me molestaba contestar. Era un niño feliz y risueño que hacía reír al más serio.

Fue una tarde en la que no paramos de jugar y hablar y, después de una ducha y una cena, cayó rendido. Eran las 22:30 cuando me senté en el escalón de la casa con una copa de cerveza en la mano. Me apetecía mirar al cielo, pues pensaba que mi madre en breve sería una de esas estrellas que brillaban en la noche; presentía que algo iba a pasar y pronto. Sonó el teléfono a las 23:30, lo cual me sobresaltó porque yo sabía lo que iba a salir de él. Mi cuñado Juanma estaba al otro lado del teléfono: «Ana, tu madre acaba de morir».

La soledad, las ganas de huir o de gritar, sensaciones que jamás experimenté, se apoderaron de mí en ese momento. Óscar estaba sentado frente al ordenador y lo miré diciendo: «Un billete en el primer vuelo».

Enseguida me averiguó uno que salía a las seis de la mañana del domingo, por lo que no me dio tiempo de hacer una maleta y me llevé una mochila con algunas cosas personales. No necesitaba nada más, solo correr para estar cerca de mi madre. Ahora pienso que esa lágrima era de despedida y que esperó a ese día, al último turno, que era el de Inmaculada, la única que le faltaba para despedirse de los seis ese mismo día. Y con la última del turno suspiró y se fue para siempre.

Los cuidados de mamá en su casa (Ángela)

Cuando decidimos traernos a mamá para cuidarla en su casa, para mí era más cómodo y prefería que estuviese en su casa al hospital. Yo tenía a mi niña muy pequeña y no quería llevarme virus a casa. De esta forma, estaba todo más controlado.

Por mi situación, con tres niños pequeños y mi marido todo el día trabajando, me venían bien los fines de semana a partir de las ocho de la mañana, y así sustituía al que hacía la noche. Lo cierto es que nos organizábamos bien. Lo normal era que mi abuela no estuviera los fines de semana, pues sus hijos se la llevaban, sobre todo, para que no sufriera. Ella siempre estuvo al cuidado de mamá y lavando sábanas a diario, hacía la compra y siempre tenía algo de comida hecha para el que llegaba sin comer. Mis hermanos disfrutaban de la comida de la abuela, era una excelente cocinera. Algunos días laborales, en los que podía dejar a la pequeña con alguien, me llegaba a ayudar a la abuela a lavar y comprar. Ella siempre estaba cerca de mi madre, preocupada. La pobre lo pasaba mal y, cada vez que se acercaba a la cama de mi madre, pedía a Dios: «Dios mío, llévame a mí y déjala a ella aquí, que es más joven». Pero Dios ya lo había dispuesto así y no había nada que hacer. La abuela era su madre y era normal que ella sufriese al ver cómo su hija se apagaba poco a poco.

Las titas también echaban algunas veces una mano con el cuidado de mamá. Todas las manos eran pocas, pues allí no teníamos médicos ni enfermeras, nosotras lo hacíamos todo y no podíamos faltar ni un momento cerca de ella.

El sábado 8 de abril a mí no me tocaba ir, pero Carmen me llamó para que pasara un rato. La abuela quería ir al supermercado para comprar algunas cosas que le hacían falta y fui para quedarme un ratito con mamá mientras ellas venían. La abuela se quedó ese fin de semana en casa porque mamá estaba ese día algo agitada y la abuela no quería irse. También estábamos esperando a un enfermero que venía a cambiarle la sonda. Llegó justo cuando yo estaba allí y le comenté que mi madre estaba algo agitada ese día y no era lo habitual. Él me dijo que tendría días, porque ya sabíamos cuál sería el desenlace final de la historia.

Y el desenlace no tardó en llegar. A las 23:10 de ese mismo día recibí una llamada de mis hermanas diciendo que mi madre había muerto. Ya se fue para no volver. Y por eso hizo, de una manera u otra, que aquel día todos pasáramos por su casa para que nos despidiésemos de ella.

El último día cuidándola
(Carmen)

Yo siempre pienso que las personas, siendo de la condición social que sean y de razas o religiones diferentes, son personas y que a todas hay que darles segundas oportunidades sin guardar rencor. Siempre he considerado que las monjas que nos ayudaron en su día lo hicieron lo mejor que sabían; yo me sentía cómoda con ellas y siempre he mantenido el contacto.

Mi madre también se ha sentido en deuda con ellas siempre, pues consideraba, dentro de su dolor, que llegaron en el momento oportuno y que gracias a ellas teníamos una educación que muchas madres querrían para sus hijas. También mantenía el contacto con ellas y, en ocasiones, cuando mi madre estaba algo más necesitada, le ayudaban; siempre estaban informadas si lo estaba pasando mal. También eran conocedoras de lo que mi padre le había hecho y de que mi madre estaba divorciada, algo que para la Iglesia era una situación delicada. Pero las monjas siempre supieron por lo que estaba pasando y la justificaban un poco a escondidas.

Cuando mi madre enfermó, se lo hice saber a las monjas, pues pensé que tenían derecho a saberlo. Ellas querían mucho a mi madre y admiraban su fortaleza, y también nos tenían cariño a nosotras, para ellas éramos sus niñas, «las niñas de las monjas». Cuando tomamos la decisión de llevárnosla a casa, ellas se ofrecieron amablemente para ayudar, pues consideraban que estaban preparadas en los cuidados a enfermos, y el baño entre dos siempre era más fácil que habiendo solo una persona. Todos los días por la mañana, aparecían dos monjitas por la puerta para asear a mi madre, durante los siete días de la semana, sin faltar ni uno, y eso es de agradecérselo. Ellas siempre han estado ahí de una manera u otra. Las hay malas y buenas, como personas que son. Las que nos ayudaban eran santas para mí.

Sábado, 8 de abril. Hice el turno de tarde, pues por la mañana Antonio, mi marido, fue a llevar a mi hermana Ana al aeropuerto. Ya había agotado la excedencia y tenía que volver a su casa. Ella también tenía ganas de ver a su hijo y a su marido, que se quedaron en Mallorca.

Ese fin de semana, la abuela se quedó con nosotras para despedir a Ana y también porque le preocupaban los cambios en mamá. El día de antes parecía que iba a recuperarse y de repente empeoró muchísimo. Estaba muy agitada y mis hermanos, por la mañana, nos llamaron diciendo que mamá no estaba bien, que algo le pasaba. Yo les dije que eso era porque Ana se marchaba, que era la que le ponía música y la animaba, y ella sabía que se iba, por eso estaba agitada y esa era su forma de expresarlo. A mí me tocó ir después de comer, en el turno de tarde. La abuela quería que la llevase a comprar y llamé a Ángela para que se quedase un ratito con mamá mientras yo acompañaba a la abuela. Cuando llegué, mi hermana me dijo que había estado el enfermero allí cambiándole la sonda y que la notaba muy agitada. Yo le dije que también la veía rara, pues ayer pasó un día muy bueno y muy diferente al de hoy, pero que podía ser porque Ana se había marchado. Ella siempre quería vernos a todas juntas y esa ida la entristecía; yo quería pensar en esa historia y no en otra.

Inmaculada llegó a las 22:00 y la abuela ya la estaba esperando con la cena en la mesa. Yo me iba a casa y no tenía hambre, porque mamá me tuvo preocupada durante toda la tarde. Cuando llegaba el relevo, aparte de anotar las horas en las que se le daba la medicación o alguna cosa extra, nos contábamos cómo había ido el día. Le conté a Inmaculada que mamá había pasado el día regular y que también había estado Ángela esta tarde para poder salir yo. Por un momento nos miramos y las dos pensamos lo mismo: «Hoy hemos pasado los seis por casa de mamá». ¿Sería eso lo que la puso nerviosa? No lo sabíamos. «Que se te dé bien la noche, hermana», le dije y me marché.

Me marché con un nudo en el estómago y otro en la garganta. Cuando llegué a casa, los niños dormían y yo, en la cama tumbada viendo la tele, no podía dormir. Antonio me preguntó que cómo estaba mi madre y yo le contesté rápido diciéndole: «Mal». Sonó el teléfono en ese momento y ya sabía lo que me iban a decir al otro lado. Serían las once de la noche y acababa de llegar. Al otro lado del teléfono estaba la voz de Inmaculada, que me dijo: «Me estaba esperando a mí, ya se ha ido». En ese momento no dije nada, colgué el teléfono y me levanté. Antonio se imaginaba lo que pasaba y lo único que me dijo fue: «Avísame cuando llegues», pues las lágrimas no me dejaban respirar.

Se fue y se despidió de todos ese día. Cómo consiguió que todos sus hijos pasaran por su casa ese mismo día siempre será un misterio. Quizás el azar de la vida, el destino, quizás fue intuición, quizás conexión, pero mi madre no se merecía morir sin haberlo vivido.

El vestido amarillo
(Inmaculada)

Cuando decidí casarme, quería que mi madre fuese mi madrina y a Juanma no le importó porque su padre había fallecido y su mamá estaba muy mayor, por lo que decidió que su padrino fuese su hermano mayor. El entendimiento de los padrinos fue mutuo.

Mi madre me acompañaba para todo lo que tenía que organizar. En la tienda de las novias, había un vestido amarillo que le gustaba mucho para ella, pero yo insistí que el amarillo daba mala suerte y que me gustaba más el rojo, pero ella se empeñó en que le gustaba el amarillo, que eso de la mala suerte eran rollos.

Al llegar a casa, le comentó a la abuela lo del vestido amarillo, pero yo intentaba quitarle las ganas, sin éxito. Esa misma tarde llegaron mi hermana Carmen y mi tita Rufina para visitarnos. Yo ya vivía con mi novio, pero pasaba algunos días con mi madre, sobre todo si tenía que trabajar. Al ir a recoger a mi niña aprovechaba y pasaba el día con ella. Un día salió la conversación del vestido amarillo y mi madre decía que le había gustado mucho. Yo insistía que era muy caro y prefería que fuese rojo o de otro color, más acorde con una madrina, y no amarillo, que daba mala suerte. Mi tita Rufina le preguntó si quería ir a la *boutique* que tenía una vecina suya y que seguramente tendría los vestidos de fiesta más baratos que en la tienda de novias. Así que Carmen y la tita quedaron para ir a buscar otro vestido al día siguiente, con la suerte de que encontraron uno amarillo que la dueña tenía guardado para rebajas, ya que era de la temporada pasada. Le salió baratísimo, venía contentísima con su vestido amarillo de la *boutique* y le dije: «¡¡Al final vas de amarillo!!». La suerte es que era un amarillo apagado y no relucía demasiado, pero, sinceramente, estaba preciosa con él.

Estando mi madre ingresada en Reina Sofía, su cabeza no estaba bien. Al día siguiente del ingreso, la tita Rufina fue a visitarla con todo el dolor de su corazón, pues ella era una de las que pensaban que mi madre se iba a mejorar y no quería creer que pudiese estar tan mal. Nada más saludar a mi madre, esta le preguntó por el vestido amarillo. Mi tía, extrañada, le dijo: «¿Carmen, qué vestido amarillo?». Ella le contestó: «El que te presté». Mi tía ya empezó a ver la gravedad del asunto en ese momento. Los recuerdos que mi madre tenía de cuando se compró el vestido se confundían pensando que se lo había prestado, cuando realmente no se prestaron nunca ropa, ya que las tallas eran totalmente diferentes. Su cabeza mezclaba y confundía las cosas. No fue solo ese día el que se acordó de su vestido amarillo, eran todos los días y siempre pedía que se lo devolviesen.

Hasta que cerró los ojos y dejó de hablar estuvo recordando su vestido amarillo y pensamos que era su favorito. Decidimos prepararlo para su funeral. No sabíamos lo que iba a durar, pero lo preparamos y estaba colgado en su armario esperándola a ella.

Cuando falleció fue muy duro para mí, ya que ocurrió estando yo con ella. Me tocaba hacer el turno de noche y a las 22:00 relevé a mi hermana Carmen, que salía de su turno de tarde ese sábado. Esa misma mañana se había despedido de ella mi hermana Ana porque tenía que volver a Mallorca. Habíamos pasado los seis por allí haciendo turnos, porque normalmente los fines de semana los hacían mis hermanos, pero ese en concreto decidimos hacerlo así, ya que mi hermano no podía estar todo el día.

Mi abuela y yo terminamos de cenar y le preparamos a mamá su medicamento porque le había dado fiebre. La abuela me dijo que mamá estaba rara. Yo le hablaba a mi madre y le contaba mis cosas, y de repente vi cómo rebosaba el alimento de la sonda. Miré a la abuela, diciéndole con lágrimas en los ojos: «Abuela, ya ha terminado todo. Mamá se ha ido». La abuela y yo nos abrazamos llorando y a la primera que llamamos fue a Carmen, necesitaba que estuviese allí con nosotras. Aquello era mucho para mí, necesitaba a mi hermana mayor conmigo en ese momento. La abuela se quedó sin palabras, pero ella actuaba con más entereza que yo. ¡Pobre abuela! Ver morir a su hija fue muy duro, me lo imagino, porque para mí lo fue y era mi madre.

Se fue con su vestido amarillo. Y para no volver.

Ella sigue viva

Teníamos claro que mi madre moriría, pero para nosotras sus palabras y recuerdos aún estaban vivos. Ella siempre decía que en su funeral no llorásemos, porque pensaba que era signo de debilidad y nosotras teníamos que ser fuertes. Siempre decía que le hiciéramos una fiesta, que aunque no estuviese viva iba a disfrutar de vernos felices a nosotras, siempre nos reíamos con sus cosas. Pero con eso de la muerte le decíamos: «¡Anda, mamá, no digas esas cosas! ¡¿Cómo vamos a hacer una fiesta?!».

Pues llegó el día y recordamos sus palabras. Era la una de la madrugada cuando llegamos al tanatorio y nos dijeron que teníamos que estar allí dos días con sus noches. Por la mañana, el tanatorio estaba a reventar de gente. Era un 9 de abril lluvioso y no paraba de venir familia, compañeros de trabajo nuestros, amigos, vecinos, conocidos; todos llorando su muerte y dándonos el pésame. Todos la querían y en sus rostros mostraban su dolor. Por suerte, en el tanatorio ese día estábamos solos. Solo había un difunto al que enterraron por la mañana y ese día no vino ningún otro. Pero ella quería su fiesta y, aprovechando que el tanatorio era para nosotros, así lo hicimos.

El día fue muy largo de idas y venidas de gente, y nosotras teníamos que ir a casa a darnos una ducha y preparar la fiesta de mamá. Llamamos a nuestras amigas, que querían a mi madre como si fuese la suya propia, y ellas se apuntaron a la fiesta. Cada una traía algo de beber y «música de cuerda», como llamaba mi madre al embutido. Una vez que acabamos nuestros baños y con las bolsas llenas de comida y bebida para que no faltase nada en la fiesta, comenzamos a beber y comer, cantando de vez en cuando alguna copla para amenizar esa fiesta que mi madre deseaba, entre llantos y risas recordándola, frente a su féretro, viendo su cara con esa sonrisa contagiosa y esa cara llena de luz, sin ninguna arruga y bien cuidada. No parecía que estuviese muerta, parecía que estaba como Blancanieves, esperando al gran amor para besarla. Pero éramos tantos sus grandes amores que pienso que cualquier beso en esa sala la hubiese despertado.

Esa misma noche le escribimos unas palabras entre todas recordando la persona que era y lo agradecidas que estábamos de ser sus hijas. Queríamos leerla en la misa del funeral, pero no nos salían las palabras y la tuvo que leer un familiar. La carta reflejaba todo lo que sentíamos y se escuchaba cómo al fondo la gente lloraba; hubo hasta quien tuvo que salir porque le dio un ataque de rabia al no creer que eso estuviera pasando. Pero los seis hijos y la abuela estábamos allí en la primera fila, escuchando expectantes y apenados. El sacerdote nos agradeció en público el cuidado tan riguroso que habíamos tenido con nuestra madre y la dedicación que le habíamos prestado; los enfermeros y enfermeras de esa planta estaban allí. Y creemos que fueron ellos quienes habían hablado con el sacerdote, pues alabaron mucho nuestra decisión de cuidarla en casa. Fue un reto difícil pero gratificante. Era nuestra madre, qué menos podíamos hacer por ella, pues ella daría su vida por cada uno de nosotros.

Después de la misa y de soportar el paso de la gente dando el pésame, llegó la hora de despedirnos de ella antes de incinerarla y nos hicieron pasar a una sala. Nos dijeron que no estábamos obligadas a entrar a verla, pero si queríamos podíamos hacerlo. La abuela nos acompañó, quería ver a su hija, tocar su cara, abrazarla aunque estuviese fría. Y así lo hicimos todas, con lágrimas en los ojos y diciéndole cuánto la queríamos. Nos abrazamos a su cuerpo frío y la besamos mil veces.

Ella entró en el crematorio, pero nosotras la llevamos dentro siempre, no olvidaremos ese momento ni muchos otros que hemos vivido con ella. Pobres, sí, pero felices por tenerla cerca llenándonos esos días grises de luz con sus canciones, con su sonrisa, con su alegría.

A ella le encantaba el mar, dar paseos por la orilla y disfrutar del ambiente que había en los chiringuitos con su cerveza bien fresquita y rodeada de su familia, a la que adoraba. Siempre nos decía que quería terminar sus días en la playa, pero sus días terminaron muy pronto y sin esperarlo. Y decidimos que sus cenizas las esparciríamos en el mar.

Al salir del tanatorio con la urna aún caliente, nos fuimos a su casa para llevar las flores que la gente le había regalado y la urna con sus cenizas. Comimos juntos los seis, reímos juntos, lloramos juntos y mis hermanos velaron esa noche la urna en casa de mi madre. Decidimos comprarnos unas camisetas amarillas para hacer memoria al vestido amarillo que tanto le gustaba y con el que se incineró. Por la mañana, cogimos un tren camino de Málaga y de ahí a Benalmádena, donde a ella tanto le gustaba ir con la abuela para disfrutar de algún fin de semana del ambiente playero.

Al llegar al puerto, intentamos buscar un barco para que nos llevara algo más lejos de la orilla y poder esparcir las cenizas de mamá. Llegamos a la caseta de los guardacostas y preguntamos si había algún barco. El guardacostas nos dijo que con el mar tan revuelto dudaba que ningún barco zarpara para llevarnos y nos preguntó qué necesitábamos. Mi hermana Inmaculada se desahogó contándole todo desde casi el principio y el significado de ir todos vestidos de amarillo. Al escuchar que iba a ser imposible buscar un barco, nos dimos la vuelta e, intentando buscar otra alternativa, oímos una voz que nos llamaba. Al volver la cabeza, vimos cómo el guardacostas nos llamaba y nos dijo que se acordaba de mi madre, que la conocía y que nos llevaría en el barco para que cumpliésemos nuestro deseo. Salimos corriendo cuando nos dio la noticia y nos subimos a un barco estupendo, con mala mar, pero para nosotras no había ni mala ni buena mar. Estábamos en un sitio retirado de la orilla y sin que nos viese nadie salvo aquel señor que, cuando vio la foto de mi madre, dijo que la conocía y fue muy amable con nosotras. Siempre le estaremos agradecidas, porque estaba como puesto allí ese mismo día en el que lo necesitábamos.

Cada año, en el mes de abril, no faltamos a la visita. Mi madre nos espera en Benalmádena. Seguimos llevando nuestras camisetas amarillas y nuestras flores amarillas para ella, para que cuando nos vea aparecer por el puerto sepa que llegamos a verla, a estar con ella. Y comemos y bebemos recordando cosas y hablando de ella, porque para nosotras sigue viva y cada mes de abril vamos a verla.

Sobre la autora

Carmen López Urbano nació en Córdoba (España) en 1972, en el seno de una familia humilde. Es hija de la protagonista de la historia y la mayor de seis hermanos. Vivió en primera persona, dentro de su familia, los malos tratos y el abandono, que formaron parte de su infancia y adolescencia. Esta experiencia y la responsa-bilidad que conlleva el ser la primera hicieron mella en ella, marcando a fuego en su forma de ser el afán de superación y la lucha por un mundo mejor.

Hoy escribe para que se sepa la fortaleza de su madre y se conozcan las vivencias de ella junto con sus hermanas en el internado y en el seno familiar, el sacrificio constante y las «ganas de vivir» que todas las mujeres de esta casa tenían, y que aún conservan las que quedan.